教育部人文社会科学研究青年基金
项目号（11YJC190035）

无偏见动机
及其作用

张 陆 ◎ 著

The Motivation to Be Nonprejudiced
and Its Effects

中 国 出 版 集 团

世界图书出版公司

广州·上海·西安·北京

图书在版编目（CIP）数据

无偏见动机及其作用/张陆著.—广州:世界图
书出版广东有限公司,2014.6（2025.1重印）
ISBN 978-7-5100-8009-8

Ⅰ.①无… Ⅱ.①张… Ⅲ.①社会心理学Ⅳ.
①C912.6

中国版本图书馆CIP数据核字（2014）第122706号

无偏见动机及其作用

责任编辑　翁　晗

封面设计　高　燕

出版发行　世界图书出版广东有限公司

地　　址　广州市新港西路大江冲25号

邮　　箱　xlxbook@163.com

印　　刷　悦读天下（山东）印务有限公司

规　　格　787mm×1092mm　　1/16

印　　张　8.75

字　　数　135千字

版　　次　2014年6月第1版　　2025年1月第3次印刷

ISBN 978-7-5100-8009-8/B·0081

定　　价　48.00元

目 录

1 研究背景

刻板印象(stereotype)、偏见(prejudice)和歧视(discrimination)一直以来都是社会心理研究的重点和热点课题,是社会性偏向(social bias)中三个紧密相关却又相互区别的领域。其中刻板印象是个体对某一群体的概括的、稳定的认知表征;偏见则是个体以刻板印象为基础对对象群体的不公正态度;而歧视则是个体基于刻板印象和偏见对对象群体及其成员所表现出来的行为偏向(钟毅平, 1999a; Jones, 2002; 佐斌 等, 2006)。

偏见作为一种消极的态度,受到了西方社会心理学者的重视。在西方由于其历史发展原因,种族偏见(racial prejudice)一直以来都是其社会心理学研究的热点问题,发展出了大量的测量工具,取得了丰富的成果。随着社会的进步和发展,种族之间呈现出越来越多的交流和融合,研究者们在对种族偏见的调查中发现,采用自我报告法测量的白人对黑人的态度越来越积极,此时又一个问题摆在心理学家面前——这种态度的改变是否真实。很多研究表明了社会压力对这种态度改变的影响,有研究者认为,有时候人们表现出来的无偏见反应,只是一种社会策略。例如,在 Fazio 等人(1995)的研究中,被试在前后相隔两到三个月的时间点,两次填答《现代种族主义量表》(Modern Racism Scale, MRS),第一次是大样本施测,第二次则是在黑人或白人实验者的注视下单独填答。结果发现,在第二次测量中,有些被试的态度较第一次变得更积极,并且在黑人实验者的注视下,被试的种族态度较第一次改变巨大。此外,内隐偏见和外显偏见之间的不一致,也让人们对自我报告法所测量结果的真实性提出了怀疑(Plant & Devine, 1998)。可见,人们在表达对偏见对象的态度时,不仅会受到态度结构的作用,还会受到其他心理因素的影响。

Devine(1989)在分析刻板印象和偏见的自动和控制成分时指出,由于共同的社会化过程,每个人都会持有刻板印象,但是有些个体在后期的社会化过程中建立了与刻板印象不相同的个人信念(personal belief),这些个人信念能够调整自动激活的刻板印象,从而表现出无偏见的行为;而有的个体所持有的个人信念与刻板印象内容相同,他们不会对自动激活的刻板印象进行调整,因此会表现出偏见行为。Dunton 和 Fazio(1997)认为 Devine 所讲的个人信念中便包括控制偏见动机(motivation to control prejudice),也有学者(Plant & Devine, 1998; Legault, Green-Demers, Grant, & Chung, 2007)将其称为无偏见动机(motivation to respond without prejudice 或者 motivation to be nonprejudiced)。

中国社会也存在着刻板印象、偏见和歧视现象。中国心理学界对刻板印象的研究较为广泛和深入,在刻板印象的内容、加工机制和应用方面取得了一定的成就(例如,佐斌,刘晅,2006; 王沛,张国礼,2008; 胡志海,梁宁建,徐维东,2004)。尽管刻板印象与偏见具有紧密的联系,但是二者毕竟不是同一心理概念。国内心理学文献中对偏见的探讨不多,并且大多数为理论或综述文章(例如,王沛,1998; 钟毅平,1999b; 陈志霞,陈剑峰,2007; 张中学,宋娟,2007; 李琼,郭永玉,2007; 张婍,冯江平,王二平,2009),仅有少量实证研究探讨了如职业偏见(于泳红,2003; 袁慧娟,张智勇,2005)、艾滋病偏见(郭欣,程怡民,李颖,黄娜,武俊青,汝小美,2006)和农民工偏见(李琼,2008)等社会偏见。还有一些研究探讨了与偏见和歧视相关的污名现象,如农民工污名(管健,2006)、心理疾病污名(高文珺,李强,2008)和艾滋病污名(刘能,2005)等问题。

此外,国内的研究也发现了直接测量态度与间接测量态度之间的差异。徐文婕(2007)探讨了大学生对老年人的态度,结果发现自我报告中所有大学生都表现出对老年人的尊重,然而在内隐联结测验(Implicit Association Test, IAT)中,则有40%的被试表现出了对老年人的消极态度。李琼(2008)的研究探讨了大学生对农民工的偏见问题,使用《农民工偏见量表》测量的结果表明大学生对农民工没有偏见,而使用 IAT 测量的结果则反映了大学生对农民工的偏见。这些研究结果表明,被试很可能在自我报告中控制了自己的真实态度,无偏见动机在其中起到了一定的作用。因此,本研究以无偏见动机为主要研究变量,探讨无偏见动机的心理结构,以及它在偏见行为表现中的作用。

2 文献综述

2.1 无偏见动机作用的理论基础

2.1.1 MODE 模型

MODE 模型由 Fazio 于 1990 年首次提出,是用来解释态度和行为之间关系的一个双重加工(dual process)模型。该模型关注于态度影响人们判断和行为时的加工过程,Fazio 认为态度—行为(attitudes-to-behavior)的加工中涉及到两种加工形式,即自发加工(spontaneous process)和审慎加工(deliberative process)。MODE 这一模型称谓来自于该模型的主要观点,即动机(Motivation)和机会(Opportunity)是态度—行为加工的决定性因素(Determinants)。

2.1.1.1 MODE 模型对态度的界定

MODE 模型将态度看作是记忆中态度对象和对其评价之间的联结(association)。态度对象和评价之间联结的强度对态度—行为加工有着重要的意义。态度强度是一个连续体,每一种态度都能够在这一连续体中找到一个位置。与弱态度相比,强态度更加稳定,对于劝说更具有抵抗力,对行为的预测也更加有效。MODE 模型对态度的界定通过"态度对象—评价"联结体现了强度维度。强度连续体的"弱端"(weak end)被标注为无态度(nonattitude),这表示态度对象和评价之间没有联结;当被问及对该对象的态度时,由于没有现有的态度结构作为参考,个体必须要即时建构一个态度反应。当在强度维度上移动,态度将包含越来越多的可获得的"态度对象—评价"联结。这种态度能够被充分察觉,以至于仅仅知觉到态度对象,便能够自动地不可避免地激活一个评价性反应。大量的经验证据都验证了这种自动激活效应的普遍性（吴明证，梁宁建，2003）。事实上，它涉及到了基本的认知现象，如注意、知觉、分类，这些都是相关的自发态度—行为加工（Olson & Fazio, 2009）。

2.1.1.2　态度—行为加工中的两种加工形式

MODE 模型中对态度—行为加工中的两种加工形式进行了区分。一种是自发加工，这种加工方式是以记忆中已有的态度为基础，通过情境中的态度对象来自动激活态度，所激活的态度又影响到了行为，在这一过程中很少有意识控制的参与；另一种是审慎加工，个体可以通过有意识的推理来建构对态度对象的评价，从而影响行为。

（1）自发加工

上世纪八十年代中，Fazio 和他的同事们就提出一个态度行为加工模型，该模型将注意力集中于态度从记忆中提取的可及性（accessibility），以及在即时情境中态度怎样影响对态度对象的知觉。自发加工（spontaneous process）由环境因素所激发，当个体遇到态度对象时，即时情境需要个体做出某种反应——可能是个体在与对象互动（如，与他人的交谈），可能是个体被要求做出某种特定的反应（如实验反应），此时记忆中的态度便会被激活，进而影响行为。该模型认为，个体在某情境中会形成情境知觉，而行为则是该知觉的产物。

心理学家越来越重视知觉的结构性本质，他们已经认识到，知觉会被知识结构、情感、价值观和个体带入到情境中的期望所左右。社会认知领域的研究表明，这种记忆结构可以通过被动的自动加工来起作用。也就是说，个体无需进行意识性的反应，记忆中结构的启动便足以使该结构影响到人们的知觉。

显然个体对于某对象的态度正是这样一种结构，该结构可以在情境中引导人们对态度对象的感知。态度可以直接影响实际行为，而无需个体对态度的反省。一个态度如果具有高可及性，那么它更容易被自动激活，从而促使人们产生与态度相一致的感知。一个积极的态度被激活，它会引导个体去注意情境中的态度对象，会使个体优先加工态度对象的积极特征；相反，一个消极态度的激活，会使个体优先加工态度对象的消极特征。因此，这些即时知觉和对情境的建构，影响着个体对事件的界定和所做出的行为反应。如果个体最初对态度对象产生积极感知,那么由此形成的对情境的界定会促进趋近行为的产生;相反,如果个体最初对态度对象产生消极感知,那么由此形成的对情境的界定会更容易产生逃避行为。

在这整个过程中不需要任何思虑或推理,自动激活态度影响个体对事件的界定,进而激发个体的行为。不论是态度的自动激活还是选择性知觉都不需要意识努力、关注或控制,这是一个完全的自动过程。如果态度未被从记忆中激活,那么即时知觉则是基于当时态度对象的凸显的、未被表征的特征而建构起来。基于以上分析,当态度可及性较高时,态度—行为一致性往往会越高。(Fazio & Towles-Schwen,1999;Olson & Fazio,2009)

（2）审慎加工

有些社会行为是有计划、经过深思熟虑的。自发加工模型主要关注的是已有的态度以及它们的可及性,而审慎加工则主要关注于原始素材而非已有态度。审慎加工需要大量的认知活动,包括对可用信息的思考,对积极和消极特征的分析,对成本和收益的分析等。态度对象的具体特征和特定行为反应的结果会被考虑并进行权重。这种思考会成为行为意向的基础,并最终决定行为。Fazio 和 Towles-Schwen(1999)认为,与该想法最为相似的理论模型是 Ajzen 和 Fishbein(1980)提出的理性行为理论(theory of reasoned action),以及后来由此发展出的 Ajzen(1991)的计划行为理论(theory of planned behavior)。

Fazio 和 Towles-Schwen(1999)认为,理性行为理论是基于审慎加工的,并利用该理论来阐述审慎加工。Ajzen 和 Fishbein 曾在文章中写到,"总的来说,该理论基于这样一个假设,即人类行为是理性的,他们能够系统地利用可能获得的信息……我们认为当人们要从事或不从事某种行为之前,会充分思考这些行为的含义。"[①]根据理性行为理论,行为是源自于行为意向(behavioral intention);而行为意向则受到行为态度(attitude toward the behavior,AB)和主观规范(subjective norm,SN)的影响,是个体对行为态度和主观规范进行思考和权重后的结果(如图 2-1 所示)。行为态度是个体对从事某一行为的喜好程度,它由行为发生的可能性(即行为信念强度,strength of belief)和对行为结果的

---

① 转引自:Fazio R H,Towles-Schwen T.(1999). The MODE model of attitude-behavior process. In S Chaiken,Y Trope(Eds.),Dual-process theories in social psychology(pp. 97-116). New York, NY: Guilford Press:99.

评价(evaluation)两方面决定;主观规范则反映了重要他人对个体是否从事某种行为的看法,它是个体在从事某种特定行为时所感知到的社会压力,由个体感知到的社会规范(即规范信念,normative belief)和顺从动机(motivation to comply)两方面所决定的(Ajzen, 1988, 1991;段文婷,江光荣,2008;于丹,董大海,刘瑞明,原永丹,2008)。

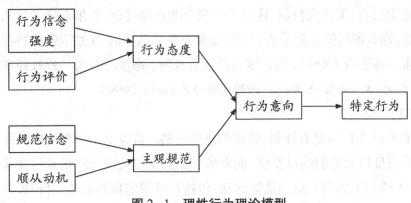

图 2-1 理性行为理论模型

由以上介绍可以看出,理性行为模型中,个体要对各方面的信息,包括行为后果、他人评价等进行分析和比较,从而做出特定行为,因此该模型具有审慎加工的特征。

Fazio 和 Towles-Schwen(1999)认为,自发加工和审慎加工的区别在于,审慎加工中包含个体主观努力的推理过程,而自发加工则是基于自动激活记忆。审慎加工可以看作是"数据驱动"(data-driven)的加工过程,它包括对态度对象特征的思考,以及对特定行为结果的评估;自发加工则可以视为"理论驱动"(theory-driven),它是由记忆中已有态度的自动激活而引起的。

2.1.1.3 动机和机会在态度—行为中的决定作用

MODE 模型不仅仅提出了态度—行为加工的两种形式,还解释了自发加工和审慎加工是如何起作用的。MODE 是"Motivation and Opportunity as Determinants"的简写,从此名称中可以看出,动机和机会是影响态度—行为加工的决定性因素,决定着个体在态度—行为加工中是采用自发加工还是审慎加工。

审慎加工需要主观努力才能进行,因此进行审慎加工必须要动机来推动。促使人们进行审慎加工的动机有多种,其中一个最基本的动机就是追求精确性(the desire to be accurate)(Fazio & Towles-Schwen, 1999; Olson & Fazio, 2009)。Kruglanski(1989)认为，人们往往会要求结论的精确性，会尽量避免得到一个无效的结论，"害怕无效"(fear of invalidity)动机能够驱使人们谨慎地思考，这一动机会使个体进行审慎加工。此外，归属需要(need to belong)和自我感觉良好需要(need to feel positively toward the self)也会使人们进行审慎加工。在归属动机的驱使下，人们会去有意地迎合他人的想法和行为，从而进行审慎加工。而自我感觉良好需要，也会使个体为了表现出更加完美的自我而进行审慎加工(Fazio & Towles-Schwen, 1999; Olson & Fazio, 2009)。以上所列举的这些动机都会使人们为了得到某种结果(可能是正确的、喜欢的或是可接受的)而进行主观努力。本研究中的核心变量无偏见动机，也是驱使人们进行审慎加工的动力之一，作者将在后文中进行更为详细的阐述。

Fazio 等人认为，仅仅拥有动机仍然不足以进行审慎加工，机会也是必不可少的因素(Fazio, 1990; Fazio & Towles-Schwen, 1999; Olson & Fazio, 2009)。在 MODE 模型中，机会包括两个方面的含义，一是时间(time)，二是心理资源(resource)。时间是进行审慎加工所需要的，个体需要有足够的时间来进行审慎加工。心理资源同样是审慎加工所需要的，由于人们的认知资源是有限的，疲劳、分心等因素会影响个体加工信息的能力。例如，有研究表明，自我耗竭(ego-depletion)会影响个体的自我控制行为，它会损耗个体的加工能量，从而影响动机对判断和行为的作用(Baumeister, Bratlavasky, Muraven, & Tice, 1998; 孙丽云, 郭瞻予, 于健, 2008)。因此，要求个体快速做出反应的情境，会由于时间短暂而限制人们的审慎加工;具有资源竞争性的任务，由于心理能量的分散和消耗，也不利于进行审慎加工;某些行为(如，非言语行为)由于是内部缺少控制性的，也会限制审慎加工的机会。在这些情况下，个体将不得不进行"理论驱动"的自发加工。

根据 MODE 模型，动机和机会这两种调节因素能够决定个体在进行态度—行为加工中是采用自发加工还是审慎加工。已有的研究表明，审慎加工必须是在动机和机会都具备的情况下才能进行。Sanbonmatsu 和 Fazio(1990)的研究初步证明了这一点。在该研究中，研究者呈献给被试描述两个商店——Smith 的商店和 Brown 的商店——的句子，每个商店都是用 12 个句子描述各自的商品，其中 Smith 的商店有 8 个积极句子和 4 个消极句子，Brown 的商店则有 4 个积极的句子和 8 个消极的句子,使得被试所形成了两个商店的总体态度是有差别的。但是 Smith 的商店中描述相机的句子是消极的,而 Brown 的商店中描述相机的句子是积极的。该研究的主要目的在于揭示精确性动机和机会对被试选择商店购买相机这一行为的影响,以验证 MODE 模型的假设。该研究为 2 × 2 被试间设计,自变量为"时间压力"和"无效恐惧",因变量为被试选择的购买货品的商店。研究结果表明,在高无效恐惧和低时间压力情境下的被试,更多地选择了 Brown 的商店,这表明被试不是依据已经形成的商店态度来进行决策的,而是依据了具体的信息,而在其他情况下由于缺少了动机或机会,或二者都缺,从而使得被试更多地依靠对商店的态度来做出选择,而没有对特定信息进行加工。因此,Sanbonmatsu 和 Fazio(1990)认为该结果初步验证了 MODE 中所提出的动机和机会在态度—行为中的调节作用。

2.1.1.4 混合加工

MODE 模型认为,态度—行为加工通常并不是单独的自发加工或是审慎加工,在更多情况下是一种混合加工(mixed processes),它既包括自发加工成分也包括审慎加工成分,二者是相互联系和影响的。例如,记忆中态度的自动激活,会使得个体在进行审慎加工时对信息进行筛选,使得个体更倾向于注意那些与自动激活态度相一致的信息。

需要再次强调的是,在混合加工中,审慎加工成分仍然需要动机和机会的同时存在才能起作用。Olson 和 Fazio(2009)详细描述了动机和机会对态度—行为加工的影响,并且根据动机的强弱和机会的有无,分为四种情况(如图 2-2 所示)。该模型认为,在混合加工中自动激活态度是个体做出判断和行为的起点,但是自动激活态度对行为的作用会受到动机和机会的调节。图中,线的粗细代表了对行为影响的大小,动机是影响态度的另一个作用源,而机会则被视为一个开关,影响着着动机是否能作用于自动激活态度效应。从图 A 和图 B 中可以看到,由于缺乏动机,不管机会开关是否开合,均没有影响自动激活态度的效应,自动激活态度是决定判断和行为的主要力量。在图 C 中,尽管个体拥有高的动机水平,但是由于没有时间或是心理资源,机会开关是关闭的,因此动机仍然无法对自动激活态度效应起多大作用,此时仍然是自动激活态度主要决定着判断和行为。图 D 中,个体拥有高的动机水平,同时情境中没有给予时间压力,个体也拥有足够的心理资源来应对该情境,因此动机会对自动激活态度效应进行调节,从而使得自发加工和审慎加工共同作用于行为,并且审慎加工的作用会成为主要的态度—行为加工方式。

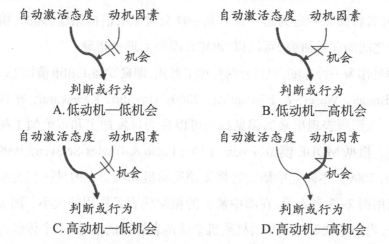

图 2-2　动机和机会在态度-行为加工中的作用 (Olson & Fazio, 2009)

2.1.1.5　MODE 模型对偏见研究的指导

偏见是一种态度。有些心理学家看来,偏见并没有积极和消极的特性,例如贝斯黑莱姆认为偏见是"人们的对任一实物所持的观点或者信念,而这种观点或信念缺乏适当的检验,或者与这些检验的结果相悖,或者与逻辑推理得到的结论相悖,或者不符合客观实际。这种观点或者信念之所以被人们当作事实是因为人们信奉它。有时它就像真理一样在起作用"[①]。在此界定中,作者并没有强调其负面性,而是认为偏见既可以是消极的,也可以是积极的。但是大多数社会心理学者以及普通人都运用"偏见"一词来描述人们的负面态度。例如 Allport 将偏见界定为"对一个群体中的个人的一种不友好的或敌意的态度,仅因为这个人属于该群体,因而被假定具有该群体的特征"[②];相类似的,Aronson、Wilson 和 Akert 认为偏见是"对特定团体的人所持有的敌意或负面的态度,只因为他们属于那个团体"[③];Myers 也认为"负面评价是偏见的标

①　贝斯黑莱姆·道格拉斯 W. (1989). 偏见心理学. 长沙:湖南人民出版社: 7.
②　转引自:贝斯黑莱姆 道格拉斯 W. (1989). 偏见心理学. 长沙:湖南人民出版社: 7.
③　Aronson E, Wilson T D, Akert R M. (2005). 社会心理学(第五版). 北京:中国轻工业出版社: 387.
④　Myers D G. (2006). 社会心理学(第八版). 北京:人民邮电出版社: 243.

志"④；我国学者钟毅平认为，"偏见是指对某一社会群体及其成员的一种不公正态度，是一种事先或预先就有的判断"①。根据以往对偏见的界定，本研究中，研究者将偏见界定为是一种对某一社会对象的消极态度。因此，偏见和偏见行为之间的关系研究，可以以 MODE 模型为理论指导。

偏见作为一种态度，也具有两种加工形式，即自发加工和审慎加工（Devine，1989；Brauer，Wasel，& Niedenthal，2000；Dovidio，Kawakami，& Gaertner，2002）。人们所表现出来的偏见行为可以视为自发加工和审慎加工相互作用的结果。根据 MODE 模型（Fazio，1990；Fazio & Towles-Schwen，1999；Olson & Fazio，2009），本研究中研究者将无偏见动机和机会在偏见—行为加工中的作用利用图 2-3 来表示，在图中箭头的粗细代表了作用的大小。图 a 中所表示的是，当个体缺乏无偏见动机或机会或两者皆无的情况下，个体的行为主要是受自动激活的偏见所决定的，此时可能会表现出偏见行为；图 b 中所描述的是，当个体拥有无偏见动机，并且机会充分的情况下，个体会对自动激活的偏见进行调控，从而行为主要是由审慎加工后所得的结论来进行判断和行为。根据 MODE 模型，偏见—行为加工更多地是一种混合加工，在图 a 中，当个体拥有无偏见动机而机会较少时，动机仍然会对行为产生影响，只是这种影响较小罢了；在图 b 中，动机和机会同时充分的条件下，自动激活偏见也仍然会对行为产生作用，但由于审慎加工的参与，这种影响也会降低。

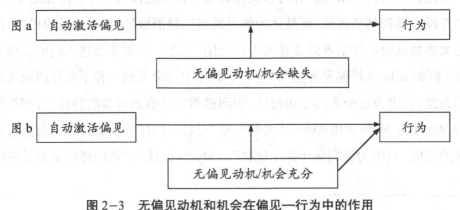

图 2-3　无偏见动机和机会在偏见—行为中的作用

---

① 钟毅平.（1999）.社会行为研究——现代社会认知理论及实践.长沙：湖南教育出版社：275.

由此可见,无偏见动机是偏见行为的决定性变量之一,对无偏见动机的研究,对于降低偏见,减少歧视具有积极的作用。这也是本研究的意义所在。

2.1.2 偏见的自我调节模型

MODE 模型对无偏见动机在自动激活偏见和行为之间的调节机制进行了解释,说明了在何种情境下无偏见动机会对自动激活偏见作用进行调节。Moteith(1993)也提出了类似的偏见自我调节模型(model of the self-regulation of prejudiced responses),该模型可以作为 MODE 模型解释无偏见动机作用的补充,与 MODE 模型相比,它更加细致地说明了无偏见动机的形成和作用过程。

偏见自我调节模型是以认知平衡理论为基础的,认知平衡理论认为,当所表现的行为与个人信念不一致时,个体会去想方设法减少这种不一致。Moteith(1993)认为,该理论可以用来解释低偏见个体①对偏见的调节过程。低偏见个体由于自动激活的刻板印象而表现出偏见行为,但是这种偏见行为与自己的无偏见信念相矛盾,从而产生了与偏见相关的不一致状态(prejudiece-related discrepancies)。当低偏见个体意识到这种不一致时,其自我概念受到冲击,从而会产生一系列的情感体验和行为反应。首先,个体会体验到指向自我(self-directed)的消极情感(如罪恶感),这种情感体验相当于是一种惩罚,它会产生某种动机去促使个体消除不一致状态;其次,个体的自我关注(self-focus)会增强,它会促使个体去调节与不一致状态有关的反应。第三,低偏见个体会将注意力集中在与不一致状态相关的刺激上。最后,低偏见个体会发起探索—发现行为(exploratory-investigative behavior)去寻找那些产生不一致反应的迹象。通过第三步和第四步过程,个体能够发现产生不一致状态的线索,并且能够建立起线索、不一致反应和消极情感之间的关系,通过这种方式,个体便确立了与惩罚有关的线索(如黑人形象),更确切地说,是与控制有关的线索(Monteith, Ashburn-Nardo, Voils, & Czopp, 2002)。

理论上来讲,经历过的不一致事件会让个体在将来去抑制不一致性行为的产生。根据该模型,与惩罚有关的线索一出现(如黑人形象),便能够激活

---

① Moteith 所认为的低偏见个体是那些在自我报告偏见测验中得分显示偏见程度较低的人。

个体的抑制性系统,该系统会使得个体在作出反应时更加小心,并且放慢反应速度;因此个体可以通过控制加工来抑制偏见反应,进而表现出与自己信念相符的低偏见行为。由此可见,该模型所解释的现象是发生在 MODE 模型所提到的动机和机会均充分的情况下,即审慎加工占优势的态度—行为加工过程。Moteith 等人的研究结果为该模型提供了一定的经验支持(Moteith, 1993; Monteith, Ashburn-Nardo, Voils, & Czopp, 2002)。

2.2 无偏见动机的心理维度与测量

对于无偏见动机心理维度的探讨,有三种研究结果,其一是 Dunton 和 Fazio(1997)研究得到的两维度结构,其二是 Plant 和 Devine(1998)所提出的两维度结构,其三是由 Legault 等人(2007)根据自我决定理论(Self-Determination Theory, SDT)所提出的六维度结构。

2.2.1 Dunton 和 Fazio 的二维结构

Dunton 和 Fazio(1997)为了测量个体对黑人偏见的控制动机而编制了《控制偏见反应动机量表(Motivation to Control Prejudiced Reaction Scale, MCPR)》。对于该量表的项目来源,研究者们做了如下的分析:首先,个体的无偏见动机可能来自于他人对自己的看法,如果在某个社会氛围中偏见是被不允许的,那么个体便可能会去表现无偏见反应,从而避免他人视其为一个有偏见的人(外部动机),例如项目 "It is important to me that other people not think I am prejudiced"。其次,无偏见动机还可能来自于内化的个人标准,如果个体认为偏见与他们的自我概念、价值理念等相冲突,那么他们也会去控制自动激活的偏见(内部动机),例如项目 "I get angry with myself when I have a thought or feeling that might be considered prejudiced"。第三,如果一个人会对偏见行为进行控制,那么他还需要对偏见的语言表达或行为有足够的敏感性,并且他还必须自愿(be willing to)抑制这些消极的行为;因此,研究者还编制了项目来测量个体主动抑制自己去表达那些可能会与他人发生冲突的意愿,例如项目 "If I were participating in a class discussion and a black student expressed and opinion with which I disagreed, I would be hesitant to express my own viewpoint"。根据以上的分析,研究者编制了包括 19 个项目的初始问卷。在预测中的信度分析中,研究者发现有两个项目与其他项目关联度较低,因此予以删除,从而得到了17 个项目的量表。

在利用方差极大法进行探索性因素分析时,研究者所设想的这三个结构并没有被验证,而是形成为两个因子。研究者认为,在第一个因子主要包含的项目中,一部分反映了关注对他人的偏见表现(如项目"When speaking to a Black person, it is important to me that he/she not think I am prejudiced"),另一部分反映了对偏见想法和感觉的更加个人化的关注(如项目"I feel guilty when I have a negative thought or feeling about a black person"),还有一部分项目反映了对于避免偏见和攻击性表现的个人标准(如项目"It is never acceptable to express one's prejudices", "It bothers me a great deal when I think I have offended someone, so I am always careful to consider other people's feelings");Dunton 和 Fazio 将其命名为"关注偏见行为"(concern with acting prejudice),该因子的贡献率是 23.1%。第二个因子中包含的项目则主要反映了个体自由表达自己的想法和感受与可能会与他人产生冲突之间的平衡(如项目"I am not afraid to tell others what I think, even when I know they disagree with me(R)");该因子被命名为"克制以避免冲突"(restraint to avoid dispute),该维度高分数表明个体有意愿去控制自己的反应以避免可能出现的冲突;该因子对总变异的贡献率为 11.6%。并且,该量表的两个维度之间的相关不显著(Dunton & Fazio, 1997;Fazio & Hilden, 2001;Olson & Fazio, 2004)。

该量表具有较稳定的信度水平,一系列研究结果表明,该量表的内部一致性系数在 0.74 至 0.81 之间(Dunton & Fazio, 1997;Banse, Seise, & Zerbes, 2001;Fazio, Jackson, Dunton, &Williams, 1995;Maddux, Barden, Brewer, & Petty, 2005)。该量表预测效度也良好,已有研究表明 MCPR 得分可以有效预测自我报告的种族态度测量;例如,拥有高的无偏见动机的个人在《现代种族主义量表(Modern Racism Scale, MRS)》得分更加不具有偏向性(Fazio, Jackson, Dunton, &Williams, 1995;Dunton & Fazio, 1997),此外 MCPR 得分还与其他自我报告法测量的偏见有一定相关,如温度计(thermometer)评价和特质推论(trait inference)(Dunton & Fazio, 1997;Olson & Fazio, 2004;Banse & Gawronski, 2003；Hofmann, Gschwendner, & Schmitt, 2005）。此外，MCPR得分还可以调节间接测量态度和直接测量态度之间的关系（Fazio, Jackson, Dunton, &Williams, 1995；Dunton & Fazio, 1997；Banse, Seise, & Zerbes, 2001；Olson & Fazio, 2004；Hofmann, Gschwendner, & Schmitt, 2005），Dunton和Fazio（1997）认为该结果符合MODE模型对无偏见动机作用的假设，因此也可以看作效度的一个指标。

2.2.2　Plant和Devine的内部—外部动机结构

Dunton和Fazio（1997）所编制的MCPR，预先设想的测量内部动机和外部动机的项目在因素分析中融合为一个因子，研究者认为造成这种情况有两种可能的原因：第一，这两部分动机来源可能是有内部关联的，那些有强烈的内部动机的人也可能被外部动机所驱使；第二，测量项目未能很好地将两者区分开来。

对于第二个理由，Plant和Devine（1998）着重进行了分析：MCPR中有的项目并没有很好地反映出是内在动机还是外在动机，例如项目"It is never acceptable to express one's prejudices"；还有的表示内在动机的项目专注于偏见行为后的情感结果，例如项目"I get angry with myself when I have a thought or feeling that might be considered prejudiced"，但是该项目并没有对潜在的动机做出清晰的界定；因此，Plant和Devine（1998）认为MCPR的项目并不能准确地鉴别人们为什么不表现出偏见行为。并且Plant和Devine（1998）认为，如果注意区分无偏见动机的内外部来源，还是能够编制出相应的项目来鉴别人们是由于个人标准还是他人看法才不去表现偏见行为的。

基于以上的分析，Plant和Devine（1998）编制了针对黑人偏见的《无偏见反应的内部和外部动机量表（Internal and External Motivation to Respond Without Prejudice Scales）》。研究者的主要目的在于区分无偏见外部和内部动机，因此在编制项目时格外注意对这两种动机的区分；在编制项目之初，他们也曾将描述个体从事违反个人标准行为后的结果作为项目（如"I feel disappointed with myself when I have a prejudiced thought or feeling"），但是考虑到需要测量的应该是潜在动机而不是预想的情绪反应，因此将这部分项目排除了。最终，研究者编制了19个初始项目，其中10个项目用来评价无偏见反应内部动机（如项目"I attempt to act in nonprejudiced ways to toward Black people because it is personally important to me"),9 个项目用来测量无偏见反应外部动机(如项目"I attempt to appear nonprejudiced toward Black people in order to avoid disapproval from others"),分别形成了无偏见反应内部动机量表(Internal Motivation to Respond Without Prejudice Scales, IMS)和无偏见反应外部动机量表(External Motivation to Respond Without Prejudice Scales, EMS)。

在进行因素分析中,Plant 和 Devine(1998)利用斜交旋转法得出了四个特征值大于 1 的因子;由于后两个因子所包含的项目无法解释,因此研究者对两因素的结构进行了检验。第一个因子的贡献率为 28%,特征值为 5.33,所包含的项目均反映了无偏见反应内部动机;第二个因子贡献率为 20%,特征值为 3.74,包含的项目反映了无偏见反应外部动机。19 个项目中有 4 个项目由于双重负荷或负荷过低的原因被删除。之后,研究者对剩余的 15 个项目进行验证性因素分析,研究者建立了两个模型,即单维模型和双维模型,对比研究数据对这两个模型的拟合度,结果发现双维模型的拟合效果更好。然而,残差(residual)检验表明,通过删除项目可以使两因素模型拟合更优,因此最终得到了包括 10 个项目的双维量表,IMS 和 EMS 各包含 5 个项目。并且,两个维度之间相关较低,说明是相互独立的。

Plant 和 Devine(1998)的研究表明,IMS 和 EMS 拥有良好的重测信度,具有跨时间的稳定性;此外,一系列研究表明,IMS 和 EMS 的内部一致性系数也均达到了测量学要求(Plant & Devine, 1998, 2009; Devine, Plant, Amodio, Harmon-Jones, & Vance, 2002; Son Hing, Li, Zanna, 2002; Amodio, Harmon-Jones, & Devine, 2003; Hausmann & Ryan, 2004; Gordijn, Hindriks, Koomen, Dijksterhuis, & Van Knippenberg, 2004; Peruche & Plant, 2006; Ratcliff, Lassiter, Markman, & Snyder, 2006; Amodio, Devine, & Harmon-Jones, 2008);以上结果表明,该量表拥有良好的信度。对于量表的效度,验证因素分析结果支持了其良好的结构效度(Plant & Devine, 1998),Plant 和 Devine(1998)还检验了其会聚和鉴别效度,以及预测效度,并且得到了预期的结果。例如,IMS 与种族偏见测量之间存在着关系,高水平的无偏见反应内部动机与低偏见态度相联系;EMS 与《害怕消极评价量表(Fear of Negative Evaluation Scale, FNE)》和《交往焦虑量表(Interaction Anxiousness Scale, IAS)》之间存在一定相关;

高 IMS/高 EMS 被试的 MCPR 得分较高,而低 IMS/低 EMS 被试的 MCPR 得分较低。

除了编制针对种族偏见的 IMS 和 EMS,Klonis 等人(2005)还编制了《无性别歧视内部和外部动机量表(Internal and External Motivation to Respond Without Sexism Scale)》,该量表也包括内部动机量表(Internal and Motivation to Respond Without Sexism Scale, IMS-S)和外部动机量表(External Motivation to Respond Without Sexism Scale, EMS-S)两个分量表。该量表最终所保留的项目均是从 IMS 和 EMS 改编得来的,量表的结构效度良好,并且两个维度之间的相关也较低,验证了 Plant 和 Devine(1998)的研究结果。Klonis 等人(2005)的研究表明,IMS-S 和 EMS-S 的信度和效度良好。

2.2.3　六维度模型

Legault 等人(2007)认为,无偏见动机并不是只有强度上的区别(Dunton & Fazio, 1997),或是简单的内部—外部动机(Plant & Devine, 1998)的区别,他们根据自我决定理论(Deci & Ryan, 1985, 2002)提出了六维度的模型。

自我决定理论是一种认知动机理论,它解释了目标和价值的内化过程,强调自我决定动机在人行为中的重要性;根据自我决定理论,一个目标或价值越是内化的或自我决定的,那么个体在做与该目标或价值有关的行为时,就越具有一致性。自我决定理论包含有四个分支理论,即基本心理需要理论(basic psychological need theory)、认知评价理论(cognitive evaluation theory)、有机整合理论(organismic integration theory)和因果定向理论(causality orientation theory)(Ryan & Deci, 2000a;刘海燕,闫荣双,郭德俊,2003)。

其中有机整合理论主要探讨了外在动机的主要类型,以及外在动机内化的过程。Ryan 和 Deci(2000a)将动机分为内在动机(intrinsic motivation)、外在动机(extrinsic motivation)和无动机(amotivation)三个类型,并且认为这三种动机处于一个自我决定连续体(self-determination continuum)中,内在动机和无动机是这一连续体的两极,内在动机最具有自我调节性,可以在行为中体验积极情感,而无动机完全没有自我调节性,外在动机则处于连续体的中央。此外,Ryan 和 Deci(Ryan & Deci, 2000a; Deci & Ryan, 2000b)还根据自我调节性的强弱,将外在动机又区分为四种,自我调节性从弱到强分别是外部调节(external regulation)、投射调节(introjected regulation)、认同调节(identified regulation)和整合调节(integrated regulation)。其中,外部调节中,个体行为完全由外部规则所决定,个体行为是为了满足外部的要求;投射调节中,个体内化了一部分外部规则,但是在这种情况下人们的行为时为了避免焦虑、自责,或是自我增强;认同调节中,个体会对行为目标或规则进行价值判断,并且将有价值的行为接纳为自我的一部分。整合调节,是自我调节程度最高的外在动机,行为目标与自我的关系较认同调节更加紧密。综上,Ryan 和 Deci(2000a)将动机分为了六个类型,根据自我调节性的强弱分别为内在动机、整合调节、认同调节、投射调节、外部调节和无动机。

Legault 等人(2007)根据自我决定理论对动机类型的划分,编制了《无偏见动机量表(Motivation to be Nonprejudiced Scale, MNPS)》。被试在完成 MNPS 时,被问及他们避免偏见的根本原因是什么,然后对一系列项目进行评判,值得注意的是,该量表测量的是个体广泛意义上的无偏见动机,而不是专门针对某一群体而言。该量表包括六个维度,分别是内在动机(IM),所包含项目主要体现了个体在从事无偏见行为时的愉悦情感(例如 "For the interest I feel when discovering people/groups");整合调节(Integ),所包含项目主要体现了个体将无偏见行为与自我概念的整合(例如项目 "Because I am tolerant and accepting of differences");认同调节(Iden),所包含项目主要体现了个体对无偏见行为的价值判断(例如项目 "Because I value nonprejudice");投射调节(Intro),所包含项目主要体现了个体在从事偏见行为后的消极体验(例如项目 "Because I would feel guilty if I were prejudiced");外部调节(Ext),所包含项目主要体现了个体由于他人压力才表现出无偏见行为(例如项目 "Because I don't want people to think I am narrow-mind");无动机(Amo),所包含项目主要体现了个体不清楚自己为何表现无偏见行为(例如项目 "I don't know; I don't really bother trying to avoid it")。

MNPS 的初始量表包括 70 个项目,运用斜交旋转进行探索性因素分析之后,删除了双重负荷和低负荷的项目,得到了包含 23 个项目的量表。该量表具有较好的内部一致性系数,但是投射调节和无动机两个分量表内部一致性系数较低,对此研究者又进一步修订了量表,在投射调节量表中添加了一个项目,并且修改了无动机项目的表述。由此获得了拥有 24 个项目的量表。在另一个样本中,验证性因素分析表明其结构效度良好,并且各维度的内部一致性系数良好。

对于该量表的得分可以分别计算每个维度的得分,此外 Legault 等人(2007)还依据前人研究(Grolnick, Ryan, & Deci, 1991; Ryan & Connell, 1989),利用六个分量表上的得分计算出 "整体的偏见自我决定调节指数" (global self-determined regulation of prejudice index, SDRPI),用以描述无偏见动机的自我调节水平,该指数分数越高表明个体调节偏见行为的自我决定性越强。SDRPI 的计算方式是,对六个维度的得分进行加权求和,根据六个维度的自我决定性高低,加权系数分别为内在动机+3、整合调节+2、认同调节+1、投射调节−1、外部调节−2、无动机−3。

除了结构效度之外,Legault 等人(2007)还对 MNPS 的其他效度进行了检验,并且得到了许多与预期相一致的结果。例如,SDRPI 与种族主义、性别主义、情感偏见、内隐种族偏见、害怕消极评价、保守主义和 EMS 之间存在显著的负相关,而与内控、IMS 和整体自我决定之间存在显著的正相关;IM、Integ 和 Iden 与种族主义、性别主义、情感偏见、内隐种族偏见和 IMS 存在负相关,Amo 的相关则相反,而 Intro 和 Ext 则与这些变量没有关系;Intro 和 Ext 与内控之间存在负相关。基于此,研究者们认为该量表具有良好的构念效度(construct validity)。

2.3　无偏见内隐动机及其测量

2.3.1　无偏见内隐动机的提出

内隐社会认知研究近年来成为社会认知领域的热点。杨治良(1998)认为,社会认知具有更强的内隐性,国内很多学者在内隐社会认知领域进行了卓有成效的研究(例如,吴明证,2005;佐斌,温芳芳,朱晓芳,2007;杨福义,梁宁建,2007)。已有的内隐研究发现,动机也具有内隐性,人们的动机有时是自动激活、难以觉察的,这引起了许多心理学家的兴趣(陈祖妍,2001;杜建政,李明,2007)。

前文介绍的 Dunton 和 Fazio(1997)、Plant 和 Devine(1998),以及 Legault 等人(2007)的研究,他们利用自我报告法探讨了外显的无偏见动机的构成和作用,并发现内在动机对于外显和内隐偏见具有预测作用。此外,Moskowitz 等人(1999)在研究中发现,间接测量的"惯常性平等主义"(chronic egalitarianism)可以抑制刻板印象的激活,高水平的内隐平等主义者没有表现出自动激活的性别刻板印象。基于此,Glaser 和 Knowles(2008)认为无偏见动机也包含内隐和外显两种心理过程,提出了无偏见内隐动机(implicit motivation to control prejudice, IMCP)这一概念,他们认为 IMCP 有别于问卷法所测量的无偏见动机,它是在意识控制之外发生的能够抑制自动偏见表现的动机。

2.3.2　无偏见内隐动机的测量

对于 IMPC 的测量,Glaser 和 Knowles(2008)认为无偏见内隐动机虽然不能够直接测量,但是可以通过测量逻辑上合理的相关指标来获得无偏见内隐动机的状况,他们提出了两个测量指标,一是个体对偏见的内隐消极态度(implicit negative attitude toward prejudice, NAP),二是个体对自己是否偏见的内隐信念(implicit belief that oneself is prejudiced, BOP)。

Glaser 和 Knowles(2008)认为与 IMCP 联系紧密的首要指标是个体对偏见的内隐消极态度(NAP)。个体如果拥有根深蒂固的对于偏见的厌恶,这些人应该会有内化的类似于内隐的拒绝偏见的动机。虽然 NAP 可能会是 IMCP 的有效测量指标,但是 Glaser 和 Knowles 又提出了另一个可能的调节指标,就是个体对自己是否偏见的内隐信念(BOP)。他们认为,如果个体认为偏见是坏的(高 NAP),但是认为自己不是偏见的人(低 BOP),那么这个人可能也不会有无偏见内隐动机;类似的,如果个体认为自己是偏见的(高 BOP),但是他不认为偏见是不好的(高 NAP),那么他也不会有无偏见动机。

Glaser 和 Knowles(2008)利用内隐联结测验来对无偏见内隐动机进行测量。IAT 是一种基于反应时的内隐社会认知测量方法,通过评估配对的概念词(concept words)和属性词(attributive words)之间的自动化联系来间接的测量个体的内隐认知(Greenwald, McGhee, & Schwartz, 1998)。近十年来,IAT 已经被广泛的应用于心理学的各个研究领域当中,包括对内隐动机的研究,例如 Brunstein 和 Schmitt(2004)运用 IAT 对内隐成就动机进行了测量。

Glaser 和 Knowles(2008)也运用 IAT 对 NAP 和 BOP 进行测量,以间接获得无偏见内隐动机的水平。测量 NAP 时,IAT 设置的两个类别组分别为坏(如忧伤、痛苦)/好(如欢乐、温暖)和偏见(如不公、偏执)/包容(如接纳、包含),如果被试在"偏见—坏"配对和"包容—好"配对时,反应时较相反配对情况下快,则表明个体具有对偏见的消极内隐态度。测量 BOP 时,IAT 设置的两个类别组分别为我(如我,我的)/非我(如他们,他们的)和偏见/包容,如果被试在"我—偏见"和"非我—包容"配对的情况下,反应时较相反配对时的反应时快,则表明个体拥有自我是偏见的内隐信念。

2.3.3　无偏见内隐动机的验证

Glaser 和 Knowles(2008)认为,虽然已有的问卷研究表明无偏见动机可以抑制内隐刻板印象,但是刻板印象痕迹仍然可能会影响个体的自发行为。如果 IMCP 确实是一种无意识目标,具有自动激活的特性,那么 IMCP 应该会对内隐刻板印象(implicit stereotype)和自动歧视行为(automatic discriminatory behavior)的关系产生调节作用。

Glaser 和 Knowles(2008)利用 IAT 测量被试的种族—武器刻板印象(Race-Weapons Stereotype)和 IMCP(NAP 和 BOP),利用射击偏向(Shooter Bias)实验来测量被试的自动激活的种族—武器反应偏向,通过分析三者关系来验证以上提出的假设。研究结果表明,NAP 对于内隐刻板印象和自动激活反应具有调节作用:高 NAP 者不论其刻板印象水平高低,自动激活反应的水平保持一致;低 NAP 者,在不同的刻板印象水平表现出了不同的自动激活反应;BOP 对于 NAP 的效应具有调节作用。Glaser 和 Knowles 认为研究结果证明了 IMCP 的存在及其测量方法的有效性。

2.4　无偏见动机的作用

无偏见动机对于人们所表现出的偏见反应具有预测作用,它能够调节直接测量和间接测量的偏见之间的关系,此外它对于其他变量对偏见行为的影响也具有一定的调节作用。

2.4.1 无偏见动机的直接作用

2.4.1.1 无偏见动机对外显偏见的影响

无偏见动机对于审慎加工后的态度测量或行为反应具有预测作用,这在一定程度上验证了 MODE 模型的有效性。在一些使用《控制偏见反应动机量表(Motivation to Control Prejudiced Reaction Scale, MCPR)》(Dunton & Fazio,1997)为测量工具的研究中,发现 MCPR 与外显测量的态度具有相关性,MCPR 得分高,则其偏见性越小。Fazio 等人(1995)的种族偏见研究中发现,MCPR 与现代种族偏见量表(Modern Racial Prejudice Scale, MRS)之间有相关,高无偏见动机者,其自我报告的偏见分数越低,很多研究结果都验证了这一结果。Akrami 和 Ekehammar(2005)的研究中发现 MCPR 与 MRS 得分存在相关,MCPR 得分越高,偏见越低。Hofmann 等人(2005)在研究西德人对东德人的态度中发现 MCPR 与自我报告的态度相关,但是与特质评价没有相关,然而在研究德国人对土耳其人的态度中发现 MCPR 与《公然和隐蔽的偏见量表(Blatant and Subtle Prejudice Scale, BSPS)》有正相关(0.27),与特质评价也有一定的正相关(0.20)。Olson 和 Fazio(2004)的研究中也发现 MCPR 的"关注偏见行为"这一维度与特质评价存在相关,该维度得分越高,特质评定就越积极。

Banse 等人(2001)和 Gabriel 等人(2007)的研究发现,MCPR 与自我报告的认知态度具有相关性,而与自我报告的外显情感态度则没有相关。此外,Fazio 和 Hilden(2001)的研究中,MCPR 与被试由偏见行为所引起的情绪体验有关,在该研究中研究者考察了能够引起人们偏见反应并且能够引起人们反思偏见的公益广告对人们情绪体验的影响,并且考察了 MCPR 两个维度的作用,结果表明,"关注偏见行为"这一维度与广告所引起的焦虑不安(agitation)、罪恶感(guilt)和欢乐情绪(amusement)有正相关,而"克制以避免冲突"则与焦虑不安有正相关,与欢乐情绪有负相关,对于"关注偏见行为"与欢乐情绪的正相关,研究者者认为是高动机观看者感觉到社会开始重视并宣传偏见,因此感到高兴。

由此可见,无偏见动机对审慎认知加工的偏见测量确实具有一定的预测力,但是 MCPR 更类似一个单维的动机强度的测量,因此《无偏见反应的内部和外部动机量表(Internal and External Motivation to Respond Without Prejudice

Scales, IMS & EMS)》相关研究就为进一步了解该问题提供了资料。

在编制 IMS 和 EMS 的研究中,研究者们(Plant & Devine, 1998; Klonis, Plant, & Devine, 2005)就发现了 IMS 与外显偏见间的紧密关系,IMS 高的被试他们的外显偏见越低,这在多种偏见量表(如 Modern Racism Scale, Pro-Black Scale, Anti-Black Scale, Attitude Toward Blacks Scale, Neosexism, Modern Sexism, & Hostile Sexism)中所证明,然而 EMS 的作用则与 IMS 截然不同,它或者与偏见量表(Pro-Black Scale, Anti-Black Scale)不相关,或者有着与 IMS 相反的作用(Modern Racism Scale, Attitude Toward Blacks Scale, Neosexism, Modern Sexism, & Hostile Sexism),之后 Devine 等人(2002)的研究重复了上述部分结果,发现 IMS 和 EMS 与 Attitude Toward Blacks Scale 的相反关系。Ratcliff 等人(2006)研究发现,IMS 与男同性恋和女同性恋态度有显著负相关,而 EMS 则与男女同性恋态度有一定程度的正相关。

对于情感性偏见,Amodio 等人(2003)的研究发现,高 IMS 者较低 IMS 者的外显情感性种族偏差更低。在行为方面,Apfelbaum 等人(2008)的研究发现,EMS 可以有效预测在种族间互动中的无肤色差别反应(colorblindness response),高 EMS 的白人被试在种族间互动中表现出更少的种族确认行为(acknowledgment of race,即以种族为区分标准),而 IMS 对此行为反应没有关系;高 EMS 的白人还会认为表现出无肤色差别反应的人比表现出种族确认的人更加没有偏见。

Legault(2007)的六维度模型中,种族主义与内在动机、整合调节、认同调节有负相关(动机越强,偏见越小),而与外部调节和无动机有正相关;性别主义与内在动机、整合调节、认同调节有负相关,与无动机有正相关;情感性偏见与内在动机、整合调节、认同调节有负相关,与无动机有正相关;所有外显偏见测量与动机自我决定指数 SDRPI 有负相关。

综上,对于外显偏见研究之间得到了大致相同的结论,无偏见动机可以预测自我报告的偏见,并且 IMS 与外显偏见存在负相关;而 EMS 则与外显偏见有正相关或是零相关。

2.4.1.2 无偏见动机对内隐偏见的影响

对于无偏见动机和内隐偏见的关系,一系列研究结果并没有像探讨动机与外显偏见的研究结果那样一致。有研究结果发现,无偏见动机与内隐偏见之间没有关系。Banse 等人(2001)和 Gabriel 等人(2007)的研究中,控制偏见反应动机量表(MCPR)与使用 IAT 测量的偏见没有相关关系。Hofmann 等人(2005)的研究一中,MCPR 与 IAT 测量的西德人对东德人的态度之间也没有相关,研究二中,MCPR 和外部动机量表(EMS)与以图片为材料的 IAT 和以名字为材料的 IAT 均无相关,内部动机量表(IMS)与以名字为材料的 IAT 也没有相关。Lowery 等人(2001)的研究中,研究者也没有发现 IMS 和 EMS 与使用纸笔 IAT 测量的内隐偏见之间的关系。Payne 等人(2005)的研究中,研究者使用"情感错误归因(affect misattribution)"来测量内隐偏见,并未发现 MCPR、IMS 和 EMS 与内隐偏见之间有任何关系。

但是也有研究发现,无偏见动机与内隐偏见之间存在相关。Hofmann 等人(2005)研究二中,发现 IMS 与以图片为材料的 IAT 之间有相关关系(IMS 越高,图片材料 IAT 所测量的内隐偏见越少)。Hausmann 和 Ryan(2004)的研究中也发现,IMS 与 IAT 有负相关,而 EMS 则与 IAT 有正相关,在 Plant 和 Devine(2009)的研究三中,也发现了 EMS 和 IAT 之间的正相关。Devine 等人(2002)的研究中,研究者使用情感启动任务(affective priming task)测量内隐偏见时发现,高 IMS/低 EMS 被试的黑人—消极启动效应最小,另外三组(即高 IMS/高 EMS 被试、低 IMS/高 EMS 被试和低 IMS/低 EMS 被试)的启动效应无差别;在使用 IAT 测量内隐偏见时,研究者发现高 IMS 者比低 IMS 者的 IAT 分数低(偏见小),EMS 还会调节 IMS 与 IAT 分数的关系,高 IMS/低 EMS 被试的 IAT 分数最低,其他三组没有差异。此外,Amodio 等人(2003)使用"惊动眨眼反应(startle eyeblink response)"测量内隐情感种族偏向(affective racial bias),并且发现高 IMS/低 EMS 组被试的内隐情感种族偏向较高 IMS/高 EMS 组和低 IMS 组被试都要低。Legault 等人(2007)所区分的六种无偏见动机中,内在动机、整合调节和认同调节与种族 IAT 之间存在负相关,而无动机则与 IAT 存在正相关,自我决定指数 SDRPI 与 IAT 也有负相关。对于无偏见动机与内隐刻板印象的关系,Glaser 和 Knowles(2008)的研究发现,IMS 与 IAT 测量的黑人—武器偏见有一定的正相关。

对于研究结果的不一致,可能与内隐测验的低信度有关,IAT 的重测信度大概在可以接受的 0.6 及以上,但是也有较低的情况(Fazio & Olson, 2003;蔡华俭,2003a;侯珂,邹泓,张秋凌,2004);而各种启动任务的重测信度水平则从低水平到适度水平不等(Fazio & Olson, 2003)。尽管如此,有更多的研究表明,无偏见动机,尤其是内部动机与内隐偏见之间存在相关。

2.4.2 无偏见动机的调节和中介作用

已有的大量研究,将关注的重点放在了无偏见动机的调节作用上,同时仍有少量研究探讨了其中介作用。

已有探讨最多的是无偏见动机在内隐和外显态度关系中的调节作用。该类研究最早始于 Fazio 等人(1995)的研究,在该研究中研究者们发现 MCPR 可以调节使用情感启动评估的内隐态度和使用自我报告测量的外显态度之间的关系:对于内隐测量未表现出偏见的被试,无偏见动机作用不大,高动机者和低动机者的现代种族偏见量表(MRS)得分相当,而对于内隐测量表现出偏见的被试,无偏见动机作用明显,高动机者较低动机者的 MRS 得分更积极;此外,低动机者的内隐偏见和 MRS 得分的相关度更高。Banse 等人(2001)和 Gabriel 等人(2007)的研究中发现 MCPR 对 IAT 和外显认知态度的关系具有调节作用,此外 Gabriel 等人(2007)的研究还发现,MCPR 对 IAT 和外显情感态度的关系也具有调节性,两个研究中 MCPR 的调节作用类似,都表现为高动机组内隐和外显偏见没有相关,而低动机组二者相关显著。Hofmann 等人(2005)的研究 1 发现 MCPR 对 IAT 所测量的内隐态度和特质评价之间的关系具有调节作用,低动机被试的内隐态度和特质评价得分成正相关,而高动机被试的二者无相关;并且研究二验证了和扩大了该结果,发现 MCPR 和 IMS 对内隐和外显偏见的关系具有调节作用,二者的作用效果相同,结果与研究 1 相一致;Nosek(2005)的研究也得出了相似的结论,无偏见动机越强,IAT 所测量的内隐态度与外显态度的相关越低。Payne 等人(2005)使用"情感错误归因"测量内隐态度,并且发现 IMS 和 MCPR 的两个维度分别对内隐和外显偏见的关系具有调节作用,低动机者两种态度呈正相关,而高动机者的二变量无关。以上的研究结果大体一致,IMS 和 MCPR 会调节内隐和外显偏见的关系,高动机者会在外显测量时所进行的审慎加工中修正了自发加工结果,从而使得高动机者的内隐和外显偏见相关低,而低动机者由于未修正自发加工结果,因此内隐和外显偏见的相关高。

除去对内隐和外显偏见关系的调节作用,无偏见动机的调节作用还有其他方面。Gordijn 等人（2004）的研究发现，刻板印象抑制需要自我控制，在经历刻板印象抑制后的被试，在接下来的自我控制任务中表现较差，这表明在刻板印象抑制中认知资源被消耗，并且被抑制的刻板印象此后会变得更易可及；但是内部抑制动机（IMS 测量）对这些效应有调节作用，只有低 IMS 被试会表现出上面所提及的实验效应。可见内部动机的调节更接近于自动加工。Maddux 等人（2005）的研究发现，高低 MCPR 被试的背景效应不同，研究者在不同的背景中呈现黑人或白人形象，结果发现低 MCPR 被试对于威胁背景中的黑人形象会自动激活消极态度，然而高 MCPR 被试则更加偏好威胁背景中的黑人形象而非白人形象。

Plant 等人（2005）的研究中发现，当刺激辨别任务与种族背景图片无关时，经过大量的练习，被试在之后的辨别任务中会更少地表现出自动种族偏向。Peruche 和 Plant（2006）在之后的研究中，再次验证了该结论，并且发现了 IMS 在这一练习效应中的调节作用，高 IMS 被试较低 IMS 被试的练习效应要大，即高 IMS 被试在经过练习后，他们的自动种族偏向有明显降低，而低 IMS 被试的种族偏向则无明显改善。Park 和 Glaser（2008）的研究发现，IMCP 在认知耗竭（cognitive depletion）与无意识歧视的关系中起到调节作用，高 IMCP 被试的认知资源是否耗竭不会影响其之后的无意识歧视测量；而低 IMCP 被试认知耗竭会增加其无意识歧视水平。在 Legault 等人（2009）的研究中，发现了自我决定动机在认知耗竭和内隐偏见关系中的调节作用，对于自我决定偏见调控者（self-determined prejudice regulators）在认知耗竭情境和非耗竭情境中使用 IAT 测量的内隐偏见水平是相当的；而非自我决定偏见调控者在耗竭情境下的内隐偏见要高于非耗竭情境。

除调节作用外，无偏见动机还具有中介作用。Ratcliff 等人（2006）的研究中，IMS 和 EMS 存在着性别上的差异，女性比男性有更高的无偏见动机；此外，研究还发现，男性较女性对男女同性恋有更多的偏见态度，同时发现 IMS 在性别对偏见的影响中具有中介作用；其中，IMS 在性别对男同性恋偏见的影响中起部分中介作用，而在性别对女同性恋偏见的影响中起完全中介作用。

2.4.3　无偏见动机与其他因素的关系

无偏见动机还与其他的生理和心理变量间存在关联。Ratcliff 等人（2006）

研究发现,女性自我概念与 IMS 有正相关而与 EMS 无关,男性自我概念则与 EMS 有负相关与 IMS 无关,传统角色信念则与 EMS 有正相关与 IMS 有负相关;高女性角色/低性别传统角色的被试中有更多的高 IMS/低 EMS 被试,即内化程度更高的被试。Ratcliff(2007)的研究重复了 Ratcliff 等人(2006)的研究结果,即女性较男性有更强的内部无偏见动机,此外其研究还发现在对被试进行女性特质启动后,被试会提高他们的内部无偏见动机。

在 Gailliot 等人(2007)的研究中,研究者以白人大学生为被试,设定了与白人或黑人进行互动的情境,结果发现,和黑人互动的高 IMS 被试,互动后其血液中葡萄糖的消耗量与和白人互动的高 IMS 被试相当;而和黑人互动的低 IMS 被试,互动后其葡萄糖消耗量高于和白人互动的低 IMS 被试。这一结果表明,对于偏见的控制需要葡萄糖作为能量基础。

Johns 等人(2008)在研究中向被试阈下呈现黑人或白人图片,结果表明阈下呈现黑人图片会激活高内在动机被试的平等主义目标,而阈下呈现白人图片高内在动机被试的平等主义目标会弱化。并且,研究发现,内在动机可以抑制刻板印象的激活,并且该作用是以平等主义目标的激活为中介的。与此结果不同,Legault 等人(2009)的研究却发现,自我决定动机并不会影响刻板印象的激活,不过它会影响个体对刻板印象的应用,高低自我决定动机者他们拥有相同的刻板印象,但是高自我决定动机者会控制自己不去运用这些刻板印象,而低自我决定动机者则会将激活的刻板印象进行运用,从而表现出更多的偏见。

Richeson 和 Trawalter(2008)的研究发现,对于中性表情的黑人或白人照片,在黑人照片为阈下呈现时(呈现时间为 30ms),高 EMS 的被试会出现对黑人照片的注意警觉,而在黑人照片为阈上呈现时(呈现时间为 450ms),高 EMS 被试会出现对黑人照片的注意回避。Plant 和 Devine(2009)的研究发现,高 EMS 的人在进行种族间互动前会进行更多的练习,以使自己在紧接着的种族间互动中减少可觉察或不可觉察的种族偏见行为;然而当个体知道自己无法控制不可觉察的偏见后,高 IMS 的被试较低 IMS 被试会在种族间互动前进行更多的练习,以使自己在紧接着的种族互动中减少不可觉察的种族偏见行为。

2.5 内隐态度的内隐性

态度一直以来都是社会心理学的核心领域,大多数学者都将其看作是人们对目标对象所做出的评价(evaluation)。近年来,随着内隐认知研究的兴起,研究者们也开始探讨态度的内隐性。已有的研究使心理学家相信,态度确实存在着两种形式,一种是经过深思熟虑的并且易于报告的评价,这是传统意义上的态度概念;另一种被认为是自动化的、不受控制的而且往往是无意识的评价。后一种态度形式以及两种态度的区别与联系成为了态度研究中的一个热点问题。

由于这一问题的研究尚处于开始阶段,因此虽然研究者们普遍承认态度具有两种形式,但是对这两种态度的理解与称谓仍然存在着区别。有研究者称其为外显态度(explicit attitudes)和内隐态度(implicit attitudes)(Greenwald & Banaji, 1995);也有的称其为直接测量的态度(direct measured attitudes)和间接测量的态度(indirect measured attitudes)(Gawronski, Hofmann, & Wilbur, 2006);还有的研究者称其为控制态度(controlled attitudes)和自动态度(automatic attitudes)(Ranganath, Smith, & Nosek, 2008)。这三种分类虽然是指同一研究领域,有时也混淆使用,但是其分类标准和意义却不尽相同。外显态度与内隐态度,主要是借鉴了内隐认知的概念,以意识性为主要标准来区分两种态度;前者是指个体可以意识觉察到的评价,而后者则是指个体无法意识觉察到的评价。直接与间接测量的态度,则是以测量方式的不同来区分两种态度;前者是通过直接的自我报告法获得的态度,个体可以意识到对态度的测量,而后者则是通过各种间接方式来测量态度,被试在测量中意识不到对态度的测量。控制态度与自动态度,则是以认知加工过程的不同来区分两种态度;前者是基于自动加工的态度,而后者则是经过动机思考或命题加工的态度。

由于内隐态度与外显态度的提法较早,我国学者也习惯于用此种称谓,因此本研究中将内隐态度、间接测量态度和自动加工态度统称为"内隐态度"。希望通过介绍研究者们对这三种表述方式的理解,来分析内隐态度之"内隐"的涵义。

2.5.1 内隐态度的意识性

在记忆心理学中,内隐记忆(implicit memory)是指"人们不能够有意识回忆却能够在行为中表现出来的经验"(鲁忠义、杜建政,2005)。Greenwald 和 Banaji(1995)借鉴内隐认知的定义,认为内隐态度是"内省不能识别(或未精确识别)的过去经验痕迹,这些痕迹会调节个体对社会对象的喜好感、思维或行为",后来很多学者基于此定义认为"内隐"态度在很大意义上是指无意识态度,并且认为间接测量提供了通往无意识联结的方式,而这是直接测量所无法做到的,并且将间接测量与直接测量结果之间的低相关看作是态度无意识性的证明(Gawronski, Hofmann, & Wilbur, 2006)。

Greenwald 和 Banaji(1995)认为,晕轮效应(halo effect)、纯粹曝光(mere exposure)效应、阈下态度条件作用(subliminal attitude conditioning)以及即时态度(instant attitude)和调查中的情境效应(context effects in survey research)等都是内隐态度存在的证据。以晕轮效应为例。晕轮效应是指个体对某个多特质对象进行评价时,往往会受到其某个高分特质的影响而产生整体的过高评价(侯玉波,2007)。例如个体对特质 B 有积极的评价,这种积极评价往往会影响个体对其他具体特质(A)的评价。很多研究表明,晕轮效应的产生往往是处于个体意识之外的自动加工过程。因此,Greenwald 和 Banaji 认为无意识态度是存在的。

但是,有一些研究者对态度的无意识性提出了质疑。Fazio 和 Olson(2003)认为,内隐记忆之"内隐"是指个体表现受到先前经验的影响,而个体对这个先前经验却没有意识回忆。如果内隐态度之"内隐"涵义与此相同,则面临两个问题。其一,需要证明在态度的间接测验中,个体对态度本身是无意识的,但是现有的研究却无法证明个体在间接测验中接触评价对象时,没有意识到自己的态度。其二,如果两个"内隐"的涵义相同,则意味着内隐和外显态度作为态度结构存在于记忆中;但是,目前并没有研究表明外显态度是独立地表征于记忆的,反而在很多情况下它是即时建构的。

对于内隐与外显态度的分离现象,Fazio 等人(2003)认为,这有可能是间接测量使得被试无法对自动加工进行内省造成的,但是也有可能是因为被试在外显测量时难以接受自己的"真实"态度(此态度可以由间接测量所得)而引起的。例如，Fazio 等人（1995）的一项研究中，被试在前后相隔两到三个月的时间点，两次填答《现代种族主义量表》（Modern Racism Scale，MRS），第一次是大样本施测，第二次则是在黑人或白人实验者的注视下单独填答，结果发现，在第二次测量中，有些被试的态度较第一次变得更积极，并且在黑人实验者的注视下，被试的种族态度较第一次改变巨大。可见外显测量所测量的态度会受到价值的影响。因此，Fazio 和 Olson 认为，个体的无意识只是对态度的测量而言，而不是对态度本身。

Gawronski 等人对态度的意识性问题也做出了深刻的讨论。Gawronski 等人（2006）认为态度"无意识性"至少涉及三个方面：一是人们对态度来源的觉察（来源觉察，source awareness），二是人们对态度本身的觉察（内容觉察，content awareness），即通常所指的无意识态度，三是人们对此态度影响其他心理过程的觉察（效果觉察，impact awareness）。这三个方面在一定程度上会有所纠结，例如态度本身的无意识会伴随着态度来源和态度效果的无意识；同时这三个方面有时也是相互独立的，例如态度本身的觉察并不一定伴随着态度来源和态度效果的觉察。

Gawronski 等人总结以往研究发现，人们可能对态度的来源缺乏意识性，但是这种无意识在间接测量和直接测量的态度中都有发生；此外，没有证据表明，个体对态度本身的无意识，间接测量与直接测量态度之间存在着一定的相关，二者的关系会受到动机、自我报告时思考的程度、测量间概念的相通性以及测量误差等因素的影响，因此间接测量与直接测量态度之间的低相关不能证明人们缺乏对间接测量态度本身的意识性；最后，有一些研究表明间接测量态度会无意识地影响其他心理过程，而直接测量态度则不行。因此，他们认为，"无意识"一词仅仅适用于间接测量态度的效果觉察，而不太适用于来源和内容觉察。其实 Greenwald 和 Banaji 所认为的无意识态度发现（如纯粹曝光效应、晕轮效应等），也只是证明了来源无意识和效果无意识。此外，对于自动加工与无意识的关系，Gawronski 和 Bodenhausen（2006）认为，个体应该可以在一定程度上意识到态度的自动加工结果，并且要基于此做出评价和判断。

基于以上的分析，内隐态度是否具有的无意识性还需要进一步探讨，尤其是态度内容的无意识性问题。有学者建议用间接测量和直接测量的态度以及自动加工和控制的态度来表述不同形式的态度。

2.5.2　态度的自动加工与间接测量

2.5.2.1　态度的自动加工过程

内隐态度具有自动加工的性质。这为先前大量的研究所证明,用来解释内隐与外显态度的理论,大都提到了这一加工形式,如双重态度模型(dual attitude model)、动机—机会决定模型(motivation and opportunity as determinants, MODE)以及联想—命题评价模型(associative-propositional evaluation model, APE)(Fazio & Olson, 2003;Gawronski, Bodenhausen, 2006;张林, 张向葵, 2003)。

双重态度模型认为,人的记忆中存贮对态度客体的内隐与外显态度,其中内隐态度是被自动激活表现出来的,而外显态度则需要经过被试运用较多的心理能量和动机来进行检索;当检索到外显态度并且其强度足以压抑内隐态度时,个体会报告外显态度,而当个体没有动机和能量去检索外显态度时,个体则报告内隐态度(张林, 张向葵, 2003)。虽然 Fazio 等人和 Gawronski 等人不同意两种态度均是存储于记忆中的,并且认为内隐态度并不是无意识的,但是他们所提出的 MODE 模型和 APE 模型同样认为内隐态度是基于自动加工,而外显态度则是基于控制的加工。

Fazio 和 Olson(2003)提出的 MODE 模型的关注点在于态度影响判断和行为时所基于的加工过程,认为态度可以通过两种加工来产生影响,即自发加工(spontaneous processes)和思虑加工(deliberative process)。而态度影响行为(attitude-to-behavior)的加工是自发产生的还是深思熟虑的,这则由个体当时的动机水平和加工机会所决定的。思虑加工需要动机和机会,即需要个体具有一定水平的动机,同时还需要个体有一定的时间和资源来进行思虑加工。如果缺乏动机或机会,则个体进行的便是自发加工。

APE 模型由 Gawronski 和 Bodenhausen 提出,旨在解释内隐态度和外显态度的改变。Gawronski 和 Bodenhausen(2006)认为内隐态度改变的潜在心理过程是联想加工(associative processes),而外显态度改变则是基于命题加工(propositional processes)。联想加工以独立于主观对错(真值,true value)的单纯的激活为特征,而命题加工则是以演绎推理为基础,并且以对真值(true value)的确认为特征。

可见，虽然不同学者对于态度是否存在无意识性方面存在着分歧，但是对于内隐态度的自动加工性则是一致认同的。

2.5.2.2 间接测量态度与自动加工态度

传统的态度测量往往是自我报告的直接测量，例如赛斯顿量表法、戈特曼量表法以及里克特量表法。在直接测量中，被试直接表达自己对项目是否赞同和喜欢及其程度。但是，后来有研究者发现，运用直接测量所得到的态度可能并不是被试的真正所想。如何测量个体的真实态度？研究者发现，间接测量似乎给研究者提供了认识"真实"态度的途径。

间接测量的方式多种多样，有的是基于反应时的，有的是基于反应偏向的，还有的则是基于认知神经的(Fazio & Olson, 2003; von Hippel, Sekaquaptewa, Vargas, 1997; 温芳芳，佐斌，2007)。虽然，间接测量任务是主要基于认知加工自动化基础上的，并且当前大量的关于双重加工的研究都是基于对自动加工的间接测量和对控制加工的直接测量之上的，但是 Fazio 等人(2003)认为，间接测量方法所获得的结果，既受到自动加工的作用，同样也受到控制加工的影响。而 Gawronski 和 Bodenhausen(2006)也认为，直接测量的结果不仅是控制加工的结果，它也会受到自动加工的作用。因此，一些心理学家便建议用测量学定义来区分两种态度，即直接测量的态度和间接测量的态度。

对此，De Houwer(2006)则认为加工过程(内隐或自动态度)不应该与测量方法相混淆，并且建议不要用测量概念来等同于或替代结构概念。测量只是一种方法，而心理学研究的目的所在并不在于方法，而在于发掘潜在的心理机制，方法只是一种途径。因此，应该对引起两种态度分离现象的内部加工机制进行探讨。正如在记忆研究中，为了清晰探讨内隐与外显的加工机制，研究者们一直没有停止探索，从实验任务分离到加工分离程序的出现和改进，都体现了这一点。

为了探讨态度测量与态度加工过程的关系，寻求一种更为合理的概念表达方式，Ranganath 等人(2008)做了一项包含两个实验的研究。在实验2中研究者运用自我报告法测量被试充分考虑后的控制态度，运用间接测量法(IAT)来获得被试的自动加工态度，还利用迅速自我报告法(speeded self-report)来直接测量被试的自动加工态度。研究者运用结构方程模型比较分析四种假设模型的拟合度来考察态度测量与态度加工之间的关系。模型一为单因素模型，模型二为测量(直接测量和间接测量)的双因素模型,模型三为加工过程(自动加工和控制加工)的双因素模型,模型四为三因素模型(直接/控制、直接/自动和间接/自动)。研究结果表明,模型三为最优模型。因此 Ranganath 等人认为,态度包含既相互联系又相互区别的两种加工成分——自动的和控制的,自动加工和控制加工的态度不能与间接测量和直接测量态度相混淆,态度的双重加工模型更应该用自动加工和控制加工来说明,而不是测量模型。本研究中所讲的"内隐态度"既包含间接测量态度,又包含自动加工态度。若要在操作中将二者区分,便需要采用认知加工分离技术。

2.6 认知加工过程的分离

内隐和外显态度研究多采用的是任务分离程序,即将间接测量态度等同于内隐态度,而将直接测量态度等同于外显态度。但是有研究者认为,任务分离程序无法很好地区分两种态度,例如,Fazio 和 Olson(2003)认为间接测量态度会受到自发加工和审慎加工共同的作用,是混合加工的结果。因此要分析自动加工偏见,需要对间接测量结果进行进一部分的分析。当前两种分析方法较有影响力,其一是加工分离程序(Process Dissociation Procedure, PDP;Jacoby, 1991;Lindsay & Jacoby, 1994),包括两种分析模型,其二是四分模型(the quad model of implicit task performance;Conrey, Sherman, Gawronski, Hugenberg, & Groom, 2005)。

Jacoby 等人所提出的加工分离程序最早是出现于对内隐记忆的研究中,该程序包括两种分析模型,Bishara 和 Payne(2009)分别称其为加工分离模型(Process Dissociation Model)和 Stroop 模型(Stroop Model),也有研究者称其为回忆可及性偏向模型(the recollection-accessibility-bias model, RA 模型)和抑制缺损模型(the inhibition-deficit model, ID 模型)(陈建勇,沈模卫,周艳艳,张锋, 2008)。两个模型所分析的加工过程是不同的,RA 模型是假设控制加工作为最初加工形式的分析模型,在该模型中自动加工是在控制加工失败后才起作用的,因此该模型又称为 C-first 模型;ID 模型则是假设自动加工作为最初加工形式的加工模型,最初用来分析 Stroop 效应的加工过程,因此又称为

Stroop模型或A-first模型(Conrey, Sherman, Gawronski, Hugenberg, & Groom, 2005；Bishara & Payne, 2009)。

　　RA模型最初是用来区分在再认记忆中控制性的回忆和自动的熟悉性各自所起到的作用有多少。它依赖于两种截然不同的研究程序：相容的和不相容的，相容程序中回忆和熟悉性会导致相同的反应，而不相容的程序中回忆和熟悉性的效果是相反的。RA模型分解了完成该实验任务所需要的认知加工过程，如图2-4所示。在图中，每条路径都表示一种可能性(likelihood)，其中，C表示的是控制性回忆将决定反应的可能性，$(1-C)$表示控制性回忆未能决定反应的可能性，A表示自动的熟悉性将决定反应的可能性大小，$(1-A)$表示熟悉性未能决定反应的可能性。图中的加号(+)和减号(-)则分别表示反应的正确性(Conrey, Sherman, Gawronski, Hugenberg, & Groom, 2005)。

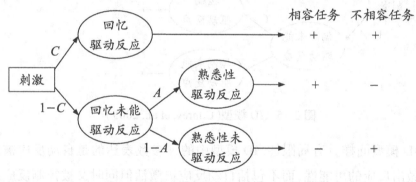

图2-4　RA模型(Conrey, et al., 2005)

　　根据图2-4,可以得出如下几个公式：

$P($正确|相容任务$)=C+A(1-C)$

$P($错误|不相容任务$)=A(1-C)$

由以上两公式可以得出：

$C=P($正确|相容任务$)-P($错误|不相容任务$)$

$A=P($错误|不相容任务$)/(1-C)$

　　因此，可以根据被试的反应正确率计算自动加工和控制加工的作用大小，从而实现加工分离(Payne, 2001；Govorun & Payne, 2006)。RA模型将自动偏向的作用限制在了控制加工失败的情况下，因此该模型无法分析在控制加工成功的情况下自动加工的作用(Conrey, Sherman, Gawronski, Hugenberg,

& Groom, 2005)。ID 模型弥补了这一缺口。

ID 模型则是用来分析自动加工作为初始加工的认知任务,最为典型的例子为 Stroop 效应。ID 模型所分析的认知加工过程如图 2-5 所示,其中 A 表示自动偏向将决定任务的可能性,C 则表示控制加工决定任务的可能性。以颜色 Stroop 任务为例,当自动加工读字音决定反应时,如果字义与颜色相符(相容任务),那么会得出正确反应,如果字义与颜色不同(不相容任务),则会得出错误反应;当自动加工读字音未能决定反应时,那么则由控制加工决定反应的正确性。

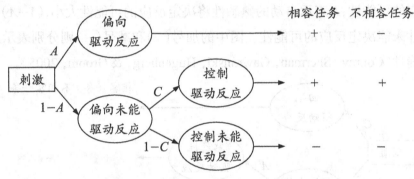

图 2-5 ID 模型(Conrey, et al., 2005)

ID 模型同样具有局限性。ID 模型中的 A 参数表达的是自动反应被激活并且做出反应的可能性,而不包括自动反应被激活但同时又被控制反应所抑制这一情况;例如在偏见研究中,被试可能会对外群体自动激活偏见,但是由于偏见动机的作用而抑制了该自动偏见,这种情况是无法用 ID 模型来体现的,然而对这种情况的研究又是重要的,因为有研究表明无偏见反应并非是态度改变的结果,而是态度控制的结果(例如 Moskowitz, Gollwitzer, Wasel, & Schaal, 1999; McFarland & Crouch, 2002)。此外,该模型无法反映猜测在任务完成中的作用,根据该模型如果偏向反应未激活,而控制反应能起作用时,会做出错误反应,但是实际情况中则还有可能会因为个体的猜测而做出正确反应。

基于对 RA 模型和 ID 模型的分析,Conrey 等人(2005)提出了内隐任务表现的四分模型。该模型对内隐任务完成过程进行了更为细致地划分,提出了四种加工过程,分别是"激活(activation, AC)"、"觉察(detection, D)"、"克服偏向(overcoming bias, OB)"和"猜测(guessing, G)"[①](Conrey, Sherman, Gawronski, Hugenberg, & Groom, 2005; Sherman, Gawronski, Gonsalkorale, Hugenberg, Allen, & Groom, 2008)。四分模型的分析树状图如图 2-6 所示,该图对测量种族偏见的 IAT 进行了加工成分分析。图中的路径同样是代表了一种可能性。AC 表示与刺激相关联的联结被激活的可能性,($1-AC$)则表示刺激联结未被激活的可能性。D 表示个体能够做出正确反应的可能性,例如当呈现黑人照片时,被试能够分别出不同肤色的面孔,并且明白应该如何做出反应;需要注意的是,D 所表示的是能够做出正确反应的可能性,而不是肯定做出正确反应的可能性,因为是否能够正确反应还取决于 OB。OB 表示已激活的联结被抑制或是被正确反应所取代的可能性,因此 OB 只有在联结激活(AC)并且明确了正确反应(D)后才会出现;OB 应该是与无偏见动机联系最为紧密的加工阶段。当联结未被激活,并且个体不知道如何正确反应时,那么就必须要猜测(G)作答了;猜测并不一定是随机的,它可能是一种反应偏向,如右手反应偏向等。

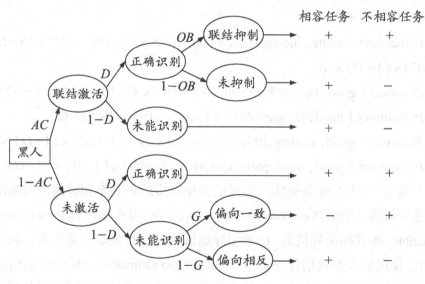

图 2-6　四分模型(Sherman, 2008, 有改动)

① 2005 年 Conrey 等人提出四分模型之后,研究者们进行着不断的修改,Sherman 等人在 2008 年的文章中对 AC 和 D 的界定有所改变;2005 年的文章中,AC 为 association activation 的简写,而 D 为 discriminability 的简写;本文以 2008 年的界定为准。

以呈现黑人刺激后的反应为例,在相容任务中,对黑人图片做出正确反应的比率可以分解为三部分:(1)黑人—消极联结激活(AC),(2)黑人—消极联结未被激活($1-AC$)×明确正确反应 D,(3)黑人—消极联结未被激活($1-AC$)×未能明确识别反应($1-D$)×猜测($1-G$)。因此,对黑人图片的正确反应比率可用以下等式表示:

$$P(\text{correct} \mid \text{Black, compatible}) = AC + (1-AC) \times D + (1-AC) \times (1-D) \times (1-G)$$

　　以此类推,根据 Sherman 等人的观点,可以列出对象类别和属性类别的16条等式,根据该组等式来估算路径系数。4条白人对象类别比率等式和4条积极属性类别比率等式如下所示,黑人对象类别比率等式和消极类别比率等式与此相类似,在此不再列举。

$$P(\text{correct} \mid \text{white, compatible}) = AC + (1-AC) \times D + (1-AC) \times (1-D) \times G$$

$$P(\text{incorrect} \mid \text{white, compatible}) = (1-AC) \times (1-D) \times (1-G)$$

$$P(\text{correct} \mid \text{white, incompatible}) = AC \times D \times OB + (1-AC) \times D + (1-AC) \times (1-D) \times (1-G)$$

$$P(\text{incorrect} \mid \text{white, incompatible}) = AC \times D \times (1-OB) + AC \times (1-D) + (1-AC) \times (1-D) \times G$$

$$P(\text{correct} \mid \text{good, compatible}) = AC + (1-AC) \times D + (1-AC) \times (1-D) \times G$$

$$P(\text{incorrect} \mid \text{good, compatible}) = (1-AC) \times (1-D) \times (1-G)$$

$$P(\text{correct} \mid \text{good, incompatible}) = (1-AC) \times D + (1-AC) \times (1-D) \times G$$

$$P(\text{incorrect} \mid \text{good, incompatible}) = AC + (1-AC) \times (1-D) \times (1-G)$$

　　尽管可以列出16条等式,但是根据相对应的正确率和错误率所列出的等式是等值的,例如,$P(\text{correct} \mid \text{white, compatible})$等式和$P(\text{incorrect} \mid \text{white, compatible})$等式便是等值的,因此实际能够利用计算的等式是8条。利用该组等式,使用最大似然估计(maximum likelihood estimation, MLE)可以对路径参数进行估计。利用所估计的路径参数可以计算出"期望错误率",而根据"观察错误率"和"期望错误率"便可以计算出一个 χ^2 值,该 χ^2 值越小则表明模型拟合越好,因此最大似然估计目的便在于能够得到一个最小的可能 χ^2 值。当获得最小 χ^2 值时,路径参数的估计便告终止,此时的路径参数便可以表示各加工成分的水平。此外,研究者还可以根据该 χ^2 值来检验模型的拟合度。该模型的自由度可由以下公式计算：

自由度 ＝ 独特预测类别（Uniquely predicted categories）－估计参数数量（Parameters）

通过以上方法，便可以对路径参数进行确定，并对模型拟合度进行检验。

该模型不仅可以分解加工成分并进行量化，还可以进行不同条件下的模型比较，如比较高动机组和低动机组的 AC 是否相等。该模型比较与结构方程模型中的多组模型相类似。[①] 四分模型已被用来分析语义启动任务（semantic priming task）、评价性启动任务（evaluative priming task）、武器辨别任务（weapon identification task）、IAT 和 GNAT 等态度间接测量任务（Conrey, Sherman, Gawronski, Hugenberg, & Groom, 2005; Sherman, Gawronski, Gonsalkorale, Hugenberg, Allen, & Groom, 2008; Beer, Stallen, Lombardo, Gonsalkorale, Cunningham, & Sherman, 2008; Gonsalkorale, von Hippel, Sherman, & Klauer, 2009）。

2.7　对已有研究的评价

若从 Dunton 和 Fazio 于 1997 年发表的第一篇关于无偏见动机测量的文章算起，无偏见动机研究已经有 17 年了，在这 17 年中研究者们对该问题进行了一定的探索，尤其是 Fazio 教授和 Devine 教授的团队，是西方心理学界研究无偏见动机的主力团队。已有的研究结果，对于认识偏见及其改变的本质具有重要的意义。例如，无偏见动机在内隐和外显偏见关系中的调节作用，对于证实内隐态度和外显态度是同一认知结构，而仅仅是加工方式的不同提供了一定的经验支持，并且为 MODE 模型提供了数据支持；无偏见动机与内隐偏见之间的相关关系，表明无偏见动机有可能会改变人们的态度结构，或是能够抑制态度的激活；无偏见动机与外显偏见之间的相关，表明无偏见动机确实可以抑制审慎加工中的偏见反应。等等。

---

① 以上四分模型介绍中，等式建立和自由度计算的内容参照于 Jeff Sherman 网页中的信息。网址为：http://psychology.ucdavis.edu/labs/sherman/site/research.html

于此同时,对无偏见动机的研究,较多地集中于 2002 年之后,在有限的研究中也必然有其需要继续深入的方面。首先,对于无偏见动机的直接测量,MCPR 虽然有两个维度,但是其更接近于对动机强度的量化,而对于动机的类型则没有成功的区分;IMS 和 EMS 则将动机根据来源进行了区分,但是已有研究表明 IMS 和 EMS 是完全独立的,并且所编制的项目中缺少情绪的描述,而情绪又确实是个体动机的来源之一;MNPS 是根据自我决定理论所编制的无偏见动机量表,但是其维度的区分过分依赖于项目编制的操作控制,个别维度之间区分的意义不大;在国内,尚没有人编制无偏见动机量表。

其次,对于无偏见内隐动机和外显动机之间的关系,有必要进一步探索。无偏见内隐和外显动机是同一心理特质的不同加工方式,还是两种不同的心理结构。在 Glaser 和 Knowles(2008)的研究中 IAT 测量的"对偏见的消极态度"(NAP)和 IMS 之间存在负相关,与 MCPR 也存在负相关,控制偏见内隐动机(IMCP)与 EMS 无关;而在 Park 等人(2008)的研究中,使用命中联结任务(Go/No-go Association Task, GNAT)测量"对偏见的消极态度"(NAP)和"自我是否偏见的信念"(BOP),发现 IMCP(由 NAP × BOP 所得)与 IMS 和 EMS 均无显著相关。IMCP 与外显测量的无偏见动机的关系到底如何,需要进一步的研究。

再次,无偏见动机与间接测量的内隐偏见之间的关系机制有必要进一步探索。正如前文所述,已有多数研究表明,无偏见动机越高,内隐偏见越小。由于当前所采用的间接测量方法所得的结果均是自动加工和控制加工综合作用的结果(Fazio & Olson, 2003),因此这种内隐偏见的缩小是由于个体偏见态度未能激活所导致,还是个体有效地抑制了激活了的偏见,需要进一步探明。

最后,以往研究多将无偏见动机作为原因变量,探讨了无偏见动机的直接或调节作用,对于无偏见动机的影响因素或中介作用研究较少。已有的研究发现了很多影响偏见反应的因素,这些因素是否影响无偏见动机,继而通过无偏见动机进一步影响偏见行为,即无偏见动机的中介作用有待进一步探讨。

3 总体设计

3.1 研究内容

本研究包括四个子研究,分别探讨如下问题:

研究1 基于自我决定理论,编制适合中国实际情况的《无偏见动机量表(Self-Regulation to Be Nonprejudiced Scale, SRNP)》,并探索恰当的综合动机指标,用于后续研究。

研究2 探讨自我报告法测量的无偏见动机和IAT测量的无偏见动机之间的关系。

研究3 基于内隐社会认知四分模型,分析IAT所测量态度的自动加工和审慎加工成分,并且探讨无偏见动机与IAT测量的偏见和自动偏见的关系。

研究4 探讨无偏见动机在权威主义人格对偏见影响中的中介作用。

整个研究内容如图3-1所示。

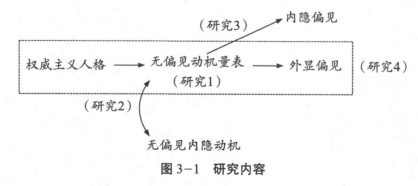

图3-1 研究内容

3.2 研究方法

　　莫雷等人(2006)在对心理学研究方法进行系统分析之后,认为心理学研究方法应该分为两个层次:第一层次是心理学研究设计方法,第二层次是变量数据的获得方法。基于此分类系统,本研究的研究设计方法主要是相关研究,包括研究 2、研究 3 和研究 4。本研究的数据获得方法则包括开放式问卷(研究 1)、心理测量法(研究 1、2、3、4)和认知实验法(研究 2、3)。此外在统计方法中,本研究将主要采用描述性统计分析、相关分析、回归分析、多项式建模(multinomial modeling)、探索性因素分析和结构方程模型分析等。

4 研究1 无偏见动机量表的编制

4.1 引 言

在综述部分,介绍了当前已有的三种对于无偏见动机的构念和测量,各测量工具都在实证研究中得到了应用,尤其是 IMS 和 EMS 的应用率是最高的,但是现有的研究工具仍存在一定的局限。

Dunton 和 Fazio(1997)的量表虽然是两维结构,但是很多研究者将其合并而计算总分作为评价无偏见动机的指标(如 Hofmann, Gschwendner, & Schmitt, 2005; Maddux, Barden, Brewer, & Petty, 2005; Gabriel, Banse, & Hug, 2007),也就是说,它更类似于一个单维的动机强度量表;而且两个维度的理论解释性不够,尤其是出现了内部和外部动机的聚合现象。Plant 和 Devine(1998)的量表从内部和外部动机的角度来测量无偏见动机,其各信效度指标良好。但是简单的内外动机的分法将二者孤立起来;此外,IMS 和 EMS 的项目中排除了情感描述项目,他们认为该项目更倾向于描述行为结果,而非动机来源,但是已有研究表明情感确实是动机来源之一(Moteith, 1993)。

自我决定理论对动机的划分方式体现了内在动机和外在动机之间的连续动态过程,区分了内在动机、外在动机(整合调节、认同调节、投射调节和外部调节)和无动机。此外,自我决定理论在原有内外部动机划分的基础上,提出了自主动机(autonomous motivation)和受控动机(controlled motivation)的划分方式:自主动机是指个体根据自己的意愿所从事某行为的动机,包括内在动机、整合调节和认同调节三种类型;受控动机则是个体处于外部或内部压力而被迫从事某行为的动机,包括投射调节和外部调节两种类型(Deci & Ryan,

2008；胡小勇，郭永玉，2009）。已有研究证明了该划分类型的有效性（胡小勇，郭永玉，2009）。

Legault等人（2007）便是基于自我决定理论编制了无偏见动机量表，并且量表的各项指标也良好。但是，该量表对于几种动机类型在项目上的区分还有待商榷。例如，认同调节量表的项目主要反映了个体对无偏见行为的价值认识，而整合调节主要体现了无偏见反应是自我概念的一部分，但是根据自我决定理论认同调节中行为与自我之间已经出现了部分的融合，并且认同调节和整合调节都具有工具性，也就是说都强调行为的价值；此外，内在动机的项目主要表达了个体在从事无偏见行为时的愉悦和兴趣，然而内在动机中行为与自我概念也是完全整合的，这也与整合调节的条目相一致；并且，内在动机和整合调节，整合调节和认同调节之间的相关很高（0.7以上），并且它们的作用效果也大致相同，因此这三个分量表的项目更倾向于是测量同一种特质，即自主动机。

自我决定理论所提出的六种动机类型在实际测量中有的很难准确区分，很多研究中并没有得出所有理论维度。例如《学业自我调节问卷（Academic Self-Regulation Questionnaire）》（Ryan & Connell，1989）中包括外部调节、投射调节、认同调节和内在动机四个分量表；《亲社会自我调节问卷（Prosocial Self-Regulation Questionnaire）》（Ryan & Connell，1989）中包括外部调节、投射调节和认同调节三个分量表；《治疗自我调节问卷（Treatment Self-Regulation Questionnaire）》（Williams，Grow，Freedman，Ryan，& Deci，1996）和《学习自我调节问卷（Learning Self-Regulation Questionnaire）》（Black & Deci，2000）都只包括自主动机和受控动机两个分量表。此外，陈雪莲（2007）以中国大学生为样本修订了《学业自我调控问卷》和《友谊自我调控问卷（Friendship Self-Regulation Questionnaire）》，结果与原问卷的四维结构不同，只发现了自主动机和受控动机两个维度。

基于以上描述，本研究中，研究者将根据Ryan和Connell（1989）确定动机类型编制量表的方式，通过开放式问题来收集人们对于自己不表现出偏见行为的原因，从而编制适合无偏见动机的自我调节量表，即《无偏见动机量表（Self-Regulation to Be Nonprejudiced Scale，SRNP）》。

4.2 研究方法

4.2.1 被试

本研究中被试主要包含三大部分,即开放式问卷被试、预测被试和正式施测被试。

4.2.1.1 开放式问卷被试

开放式问卷的被试为某师范学校公共心理学课堂的大学生和心理学硕士研究生,公共心理学课堂的被试采用团体施测,心理学院的硕士研究生则采用个别施测。共获得有效问卷95份。被试的平均年龄为22.14(标准差为2.82)岁;其中男生33人,女生57人,另有5人没有性别信息;大二学生54人,大三学生1人,研一学生3人,研二学生9人,研三学生20人,另有8人没有年级信息。

4.2.1.2 预测被试

预测被试为某师范学校公共心理学课堂的大学生,采用团体施测,共获得问卷228份,剔除包含缺失值的问卷,剩余问卷217份,有效率为95.2%。被试的平均年龄为19.93(标准差为0.906)岁;其中男生69人,女生143人,另有5人没有性别信息;大一1人,大二203人,大三10人,另有3人没有年级信息;理科62人,文科107人,工科20人,艺体专业22人,另有6人没有专业信息。

4.2.1.3 正式被试

由于正式施测中,涉及到对农民工偏见和对同性恋偏见两种群体偏见的测量,因此正式施测被试中包含两个类别。

对同性恋的无偏见动机测量中,选取某师范大学公共心理学课堂的大学生和自考生、某民族大学大学生,以及某综合大学大学生作为被试,采用团体施测,共获得被试483人,根据同性恋测查项目,删除有同性恋倾向的被试12人,共获得有效被试471人。被试的平均年龄为20.16(标准差为1.07)岁;其中男生 164 人,女生 305 人,另有 2 人没有性别信息;大一 2 人,大二 403 人,大三 35 人,大四 27 人,另有 4 人没有年级信息;理科 161 人,文科 210 人,工科 28 人,艺体专业 60 人,另有 12 人没有专业信息。

对农民工的无偏见动机测量中,选取某民族大学学生和某经济学院学生作为被试,采用团体施测,共获得有效被试 280 人。被试的平均年龄为 20.87 (标准差 1.40)岁;其中男生 98 人,女生 179 人,另有 3 人没有性别信息;大一 2 人,大二 151 人,大三 51 人,大四 67 人,另有 9 人没有年级信息;理科 87 人,文科 164 人,工科 13 人,另有 16 人没有专业信息;被试的生源地分布为,55 人来自市、59 人来自县、21 人来自乡镇、111 人来自村,另有 34 人没有生源地信息。

4.2.2　测量工具

《无偏见动机量表》,自编量表。在预测中,该量表没有针对具体的群体偏见,而在正式测量中,将针对具体的群体,即农民工群体和同性恋群体,分别测量被试的农民工无偏见动机和同性恋无偏见动机。

《农民工偏见量表》(李琼,2008),该量表包括 20 个项目,是一个单维量表,用来测量人们对农民工的态度,亦即测量人们对农民工的偏见水平,得分越高表明偏见水平越高。已有研究表明,该量表拥有良好的信度。在本研究中,该量表的内部一致性系数为 0.84,具有良好的信度水平(见附录 9)。

《大学生对同性恋态度问卷》(郑小蓓,张秋媚,陈岳标,詹海都,2007),该问卷包括 18 个项目,其中 17 个项目测量大学生对同性恋群体的态度,1 个项目测查被试的同性恋倾向。该问卷包括认知赞同、情感认可和行为接纳三个维度,得分越高,表明对同性恋的偏见越强。已有研究表明该量表具有良好的内部信度和重测信度,以及结构效度。在本研究中,该量表的内部一致性系数为 0.94,具有很好的信度水平(见附录 8)。

4.2.3　统计方法

描述性统计分析、皮尔逊积差相关、探索性因素分析和验证性因素分析。

4.3　结　果

4.3.1　无偏见动机量表结构和项目的确定

根据 Ryan 和 Connell(1989)编制《学业自我调节问卷》和《亲社会自我调节问卷》的步骤,通过开放式问卷,询问被试"对某类群体有偏见但不表现出的原因有哪些",具体的问题如下所示:

偏见是我们对某类人的消极看法。平时,我们也许会对某类人(如农民工、病人等)有偏见,但是在现实交往中却不会把这种偏见表现出来。例如,有人不喜欢艾滋病感染者,但是可能会因为各种原因而跟他们友善相处。人们之所以在实际交往中没有表现出偏见,原因可能多种多样,我们想了解你不表现出偏见的原因是怎样的。请写出你不会表现出偏见的原因有哪些?

由于已有研究表明,各种动机所包含的类别是不同的,因此通过整理所收集到的项目内容,确定无偏见动机的维度或类型。对所收集到的条目进行整理和分析,结果发现了三个方面的内容,如"掩饰自己,树立形象"、"怕得罪了别人"(外部调节),"我的理性告诉我,我要平等对待他们,甚至要帮助关心他们"(整合动机/认同动机),"表现出来偏见,他们会很难受,自己有一种负罪感"(投射调节)。考虑到整合动机和认同动机都涉及到与自我的关联以及工具性,二者不能很好的区分,因此该处将二者统称为自主调节。此外,在开放式问卷中未发现涉及到愉悦情绪的内在动机内容。

基于开放式问卷的结果,研究者认为无偏见动机包含三个维度,即自主调节、投射调节和外部调节。利用所收集到的条目,以及翻译国外已有相关量表的项目(见附录 1、2 和 3),编写无偏见动机量表的初始项目。分别请心理学专业研究生和非心理学专业学生对初始项目进行评价、修改和筛选,挑选出最具有代表性和语句表达最为顺畅精确的 24 个项目,每个维度 8 个项目,组成预测量表。量表采用 6 点计分。

4.3.2 预测结果

利用预测量表,对预测被试进行施测,得到预测数据。对于所得数据,首先进行项目分析。项目区分度的分析包括两个方面,一是题总相关,二是项目得分的平均数和标准差。每个项目分数与所属维度分数的相关如表 4-1 所示。由表 4-1 中数据可见,每个项目与其所属维度之间的相关均较高,因此,从题总相关的结果来看所有项目的区分度都可以接受。

表 4-1　题总相关结果

自主调节		投射调节		外部调节	
项目	系数	项目	系数	项目	系数
T3	0.708	T2	0.790	T1	0.688
T6	0.721	T5	0.619	T4	0.671
T9	0.741	T8	0.763	T7	0.738
T12	0.604	T11	0.795	T10	0.645
T14	0.689	T15	0.813	T13	0.639
T16	0.743	T17	0.837	T20	0.530
T19	0.727	T18	0.614	T22	0.731
T21	0.709	T23	0.867	T24	0.746

每个项目得分的描述性统计结果如表 4-2 所示。根据项目得分情况,删除平均数大于5,以及标准差小于0.90的项目。由表 4-2 所示,项目 T6 平均值为5.08,标准差为0.838,表明该项目出现天花板效应,因此予以删除。

项目分析之后,将保留的 23 个项目进行探索性因素分析。在进行因素分析之前,首先需要对数据是否适合进行因素分析进行检验。本研究运用 KMO 测度(Kaiser-Meyer-Olkin Measure of Sampling Adequacy)和巴特利特球体检验(Bartlett test of sphericity)对该组数据的相关性进行检验。KMO 的值越大表明该组数据越适合进行因素分析,通常标准为,KMO 的值在 0.9 以上为"极好",0.8 以上为"好",0.7 以上为"一般",0.6 以上为"差",0.5 以上为"很差",若 KMO 的值在 0.5 以下则为"不可接受"（郭志刚，1999）。本研究中，预测数据的 KMO 值为 0.872；此外，对预测数据进行巴特利特球体检验结果为卡方值为 2622.63，自由度为 276，$p<0.05$，这些结果表明该组数据适合做探索性因素分析。

表 4-2　项目得分的描述性统计结果

项目	平均值	标准差	项目	平均值	标准差
T1	3.33	1.294	T13	4.39	1.022
T2	3.79	1.375	T14	4.17	1.284
T3	4.66	1.010	T15	3.41	1.402
T4	4.02	1.190	T16	4.66	1.051
T5	4.63	1.094	T17	3.71	1.307
T6	5.08	0.838	T18	3.69	1.277
T7	4.43	1.070	T19	4.23	1.206
T8	3.53	1.259	T20	4.56	0.931
T9	4.51	1.114	T21	4.74	0.938
T10	3.80	1.210	T22	4.15	1.194
T11	3.72	1.254	T23	3.62	1.278
T12	4.11	1.233	T24	3.69	1.309

　　本研究中，采用主成分分析法（principal factor analysis，简称 PFA）抽取公共因子，使用方差极大法（varimax）进行因素旋转确定因子负荷。根据 Kaiser-Guttman 准则，将特征值为 1 作为标准，特征值大于 1 的因子数为需要保留的因子数，据此标准，本数据的公因子数为 4；根据 Cattell 的碎石检验，碎石图（图 4-1）显示在第 4 个因子变平缓，因此因子数应该确定为 3 个（郭志刚，1999）。对于此，研究者分别抽取 4 个公因子（见表 4-3）和 3 个公因子（见表 4-4）进行因素分析，结果表明抽取 3 个公因子进行因素分析后所得结果更加具有可解释性，因此最终确定抽取 3 个公因子，3 个公因子可以解释 55.04% 的变异量。

表4-3 抽取四因子的因素分析结果

项目	公因子			
	1	2	3	4
a2	.791	.156	.026	.172
a23	.783	.206	.337	.097
a11	.778	.213	.148	−.112
a17	.776	.125	.344	−.022
a15	.750	.062	.375	−.072
a8	.737	.082	.130	.139
a18	.591	.170	−.107	.284
a5	.465	.327	.081	.443
a22	.027	.756	.094	.111
a7	.131	.740	.084	.084
a24	.355	.675	−.018	−.128
a13	.001	.659	.306	−.088
a4	.211	.623	−.032	.182
a1	.283	.615	−.227	−.025
a10	.264	.593	−.219	−.301
a20	−.111	.568	.407	.283
a14	.250	.075	.750	−.031
a19	.313	.031	.707	.130
a16	.115	−.019	.671	.298
a21	.048	.202	.643	.370
a9	.216	−.130	.589	.366
a12	−.003	−.021	.295	.700
a3	.242	.046	.324	.692

表 4-4 抽取三因子的因素分析结果

项目	公因子		
	1	2	3
a17	.800	.248	.117
a23	.800	.309	.203
a11	.794	.034	.202
a2	.780	.095	.160
a15	.779	.248	.052
a8	.735	.165	.083
a18	.565	.054	.180
a5	.445	.298	.343
a21	.074	.734	.213
a16	.145	.719	-.011
a9	.235	.689	-.119
a3	.223	.651	.073
a19	.357	.647	.029
a12	-.024	.639	.008
a14	.307	.592	.067
a22	.033	.125	.759
a7	.137	.099	.742
a24	.365	-.110	.667
a13	.035	.190	.652
a4	.202	.059	.630
a1	.271	-.220	.614
a10	.270	-.370	.580
a20	-.093	.488	.578

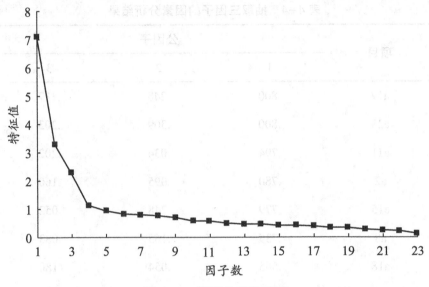

图 4-1　因素分析碎石图

基于三因子的因素分析结果,对项目进行筛选。首先,剔除双重负荷的项目,即在两个公因子上因子负荷均高于 0.35 的项目,由此项目 10、19、20 和 24 予以剔除;二次进行因素分析后,基于该标准,剔除项目 5。如此,自主调节包含 6 个项目,投射调节包含 7 个项目,外部调节包含 5 个项目。为了进一步简化量表,将自主调节和投射调节中因素负荷最低的项目删除,使得每个维度包含 5 个项目。最终获得 15 个项目的正式量表,该 15 个项目的因素分析结果如表 4-5 所示。

4.3.3　正式施测结果

利用预测分析之后所形成的包含 15 个项目的正式量表在正式被试中进行施测,进而分析项目指标和量表信效度。由于正式施测中涉及到效标效度的检验,因此正式施测量表中指定了具体的偏见群体,即测量对农民工的无偏见动机和对同性恋的无偏见动机。

4.3.3.1　项目分析

利用题总相关作为项目区分度的评价指标。对农民工无偏见动机和对同性恋无偏见动机量表的题总相关结果如表 4-6 所示。从表中数据可知,正式量表的项目拥有良好的区分能力。

表4-5 15个项目的探索性因素分析结果

项目	公因子		
	1	2	3
a17	.852	.204	.125
a23	.822	.289	.214
a15	.818	.216	.040
a11	.814	.017	.178
a2	.789	.071	.178
a16	.152	.756	.007
a12	−.033	.740	.018
a9	.241	.722	−.099
a21	.104	.710	.219
a3	.231	.660	.122
a22	.040	.107	.767
a7	.101	.103	.766
a4	.194	.021	.686
a13	.072	.147	.655
a1	.265	−.230	.636
特征值	4.98	2.35	1.83
贡献率	33.21	15.67	12.19

表4-6 正式量表的题总相关

自主调节		投射调节		外部调节	
项目	系数	项目	系数	项目	系数
T3	0.642(0.731)	T2	0.749(0.800)	T1	0.632(0.683)
T6	0.718(0.774)	T5	0.775(0.811)	T4	0.734(0.733)
T8	0.729(0.709)	T9	0.847(0.831)	T7	0.798(0.845)
T11	0.683(0.740)	T12	0.857(0.873)	T10	0.745(0.733)
T15	0.683(0.668)	T14	0.864(0.883)	T13	0.787(0.781)

注:括号中为对同性恋无偏见动机的题总相关。

4.3.3.2 信度分析结果

本研究中采用内部一致性系数作为量表内部稳定性的指标。各维度项目的内部一致性系数如表4-7所示。由表可知,该量表所有维度的内部一致性系数均超过了0.70的团体施测标准,因此该量表拥有良好的内部稳定性。

此外,本研究还在对农民工无偏见动机量表的分析中采用重测信度作为该量表跨时间的稳定性的指标。分析重测信度的样本为40名大二学生,其中男生25人,女生15人,两次测量的间隔时间为6周。各维度在两次测量中的相关系数分别为自主调节0.710,投射调节0.824,外部调节0.702;由此可见该量表具有良好的重测信度。

表4-7 各维度间相关和维度内部一致性系数结果

	1	2	3
1 自主调节	0.726(0.766)	0.267***	0.129**
2 投射调节	0.358***	0.876(0.895)	0.544***
3 外部调节	0.147*	0.424***	0.794(0.813)

注:对角线为各分量表的内部一致性系数,括号内为对同性恋无偏见动机的结果;对角线以下为对农民工无偏见动机的维度间相关,对角线以上为对同性恋无偏见动机的维度间相关。*表示在0.05水平显著,**表示在0.01水平显著,***表示在0.001水平显著,下同。

4.3.3.3 效度分析结果

本研究分析了该量表的结构效度和效标效度两种效度指标。三维度之间的相关矩阵如表4-7所示。利用软件LISREL8.7分别分析对农民工无偏见动机和对同性恋无偏见动机的正式施测数据,进行验证性因素分析。在验证性因素分析中进行了三种模型的比较,三种模型分别是,M3自主调节、投射调节和外部调节的三因子模型,M2-1内部动机(包括自主调节和投射调节)和外部动机的两因子模型,M2-2自主动机和受控动机(包括投射调节和外部调节)的两因子模型。两个样本下,三种模型的拟合指标如表4-8所示。

表4-8　验证性因素分析模型拟合指数

偏见群体	模型	χ^2	df	χ^2/df	RMSEA	CFI	NNFI	IFI
	M2-1	456.21	89	5.13	0.132	0.866	0.842	0.867
农民工	M2-2	555.44	89	6.24	0.153	0.830	0.800	0.831
	M3	290.58	87	3.34	0.095	0.926	0.910	0.926
	M2-1	891.80	89	10.02	0.157	0.857	0.831	0.858
同性恋	M2-2	753.08	89	8.46	0.140	0.882	0.861	0.882
	M3	385.60	87	4.43	0.088	0.947	0.936	0.947

注:M2-1为内—外部动机模型、M2-2为自主—受控动机模型、M3为三因子模型

温忠麟等人(2004)和郭庆科等人(2008)曾分析了已有的结构方程模型拟合指数,并且推荐了几个较好的拟合指标和传统界值。根据已有的研究(侯杰泰等,2005),本研究中结构方程模型的拟合情况主要参考以下指数:

(1)χ^2,是一种绝对拟合指数。如果卡方值大于临界值则表示数据与模型拟合不好。从理论上讲,卡方值越小则模型拟合越好。但是由于卡方值易受到样本量的影响,因此在考查模型拟合程度时,常使用χ^2/df作为模型拟合的指标。实际研究中,当χ^2/df在2.0到5.0之间时,则认为模型可以接受。

(2)RMSEA(Root mean square error of approximation),即近似误差均方根,其值越小越好,低于0.1表示好的拟合,低于0.05表示非常好的拟合,低于0.01表示非常出色的拟合。

(3)CFI(Comparative fit index),即比较拟合指数,它的变化区间在0到1之间,其值越接近1,表明模型拟合得越好,可以接受的临界值为0.9以上。

(4)NNFI(Nonnormal fit index),也是一种相对拟合指数,该指数有时会因为样本的变动超出0-1的范围,一般可以接受的临界值也是0.9以上。

(5)IFI(Incremental Fix Index),是一种相对拟合指数,该指数的临界值也是0.9以上。

从表4-8可知,所有样本群体的数据均能较好的与三因素模型相拟合,各χ^2/df均小于5,RMSEA均小于0.1,CFI、NNFI和IFI均大于0.9。并且所有样本群体的数据与三因子模型的拟合度均好于其他模型的拟合度。因此,验证性因素分析结果支持三维度结构,标准化路径系数如图4-2所示。

除了对量表进行结构效度的分析之外，研究者还进行了效标效度的分析。本研究中,利用《农民工偏见量表》(李琼，2008)和《大学生对同性恋态度问卷》(郑小蓓，张秋媚，陈岳标，詹海都，2007)分别测量了两组被试对农民工和同性恋的偏见程度,以此作为无偏见动机的效标。对农民工的偏见和无偏见动机的相关程度,以及对同性恋的偏见和无偏见动机的相关程度如表4-9所示。

表4-9　无偏见动机与偏见的相关分析结果

	农民工偏见	同性恋偏见
自主调节	−0.343***	−0.574***
投射调节	−0.141*	−0.109*
外部调节	0.066	0.152***
内化度	−0.326***	−0.582***
自主度	−0.170**	−0.401***

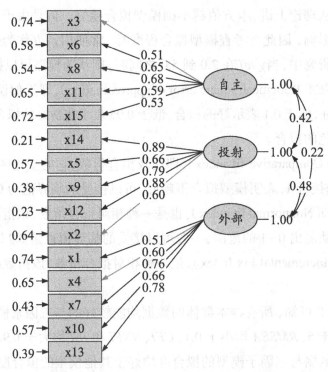

a.对农民工无偏见动机的验证性因素分析路径图

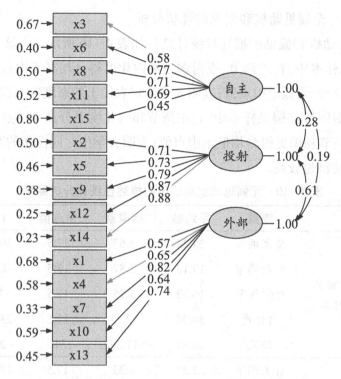

b. 对同性恋无偏见动机的验证性因素分析路径图

图4-2 无偏见动机验证性因素分析路径图

4.3.3.4 无偏见动机指数的计算和确定

Ryan 和 Connell（1989）曾基于自我决定理论编制了《学业自我调节问卷（Academic Self-Regulation Questionnaire）》，该问卷分为四个维度，即外部调节、投射调节、认同调节和内在动机，并且提出了相对自主指标（Relative Autonomy Index，RAI）这一概念以描述动机的自主程度。该指标的计算公式为：2 × 自主动机 + 认同调节 − 投射调节 − 2 × 外部调节。基于此，本研究中也提出了两种动机综合指数，一种是基于自我决定理论的自主度指标，计算公式为：2 × 自主调节 − 投射调节 − 2 × 外部调节，另一种是基于内部外部动机理论的内化度指标，计算公式为：2 × 自主调节 + 投射调节 − 2 × 外部调节。两种指标的优劣，由其与效标的相关程度来决定，两种指标与偏见的相关度见表4-9。由表中数据可见，在两个偏见群体中，内化度的预测力均高于自主度。因此，无偏见动机综合指数采用内化度这一指标。

4.3.3.5 无偏见动机和偏见的现状分析

无偏见动机和偏见的描述性统计结果如表4-10所示。由该表可见，对农民工偏见样本中，自主调节、投射调节和内化度得分均高于中点值，而外部调节和偏见得分均低于中点值；表明大学生对农民工的态度偏向积极，无偏见动机较高。对同性恋偏见样本中，自主调节和内化度得分高于中点值，而投射调节、外部调节和偏见得分均低于中点值；表明大学生对同性恋的态度偏向积极，无偏见动机也较高。

表4-10 无偏见动机和偏见的描述性统计分析结果

	变量	平均数	标准差	中点值	t检验
农民工偏见测量样本	自主调节	24.24	3.67	17.5	30.77***
	投射调节	19.13	5.87	17.5	4.66***
	外部调节	16.32	5.15	17.5	−3.84***
	内化度	34.98	12.31	17.5	23.76***
	偏见	56.35	11.36	70	−20.11***
同性恋偏见测量样本	自主调节	21.25	4.33	17.5	18.81***
	投射调节	14.87	5.43	17.5	−10.50***
	外部调节	15.62	5.04	17.5	−8.11***
	内化度	26.14	12.21	17.5	15.36***
	偏见	52.57	14.59	59.5	−10.30***

分析农民工偏见样本的数据，探讨人口学变量与无偏见动机和偏见的关系。在分析专业影响时，由于工科人数较少，因此将理科和工科被试进行合并，称为理工科，将其与文科生相比较；在分析年级影响时，由于大一人数较少，因此只分析其他三个年级之间的差异。

One-Way ANOVA 分析发现，年级和性别对大学生农民工偏见和无偏见动机均无影响；学科和生源地对无偏见动机也没有影响，但是对农民工偏见有作用。理工科学生对农民工的偏见（$M=54.08$）显著低于文科学生（$M=57.99$），$F(1, 262)=7.40$；生源地对农民工偏见有影响，经过事后多重比较发现，来自市（$M=59.44$）、县（$M=58.49$）的学生对农民工偏见得分均显著高于来自村（$M=53.96$）的学生。此外，为了探明专业和生源地之间的影响是否是重合的，研究者还对专业和生源地的被试分布进行了列联表分析，χ^2 分析结果表明，Person χ^2 值为 4.47，p=0.22，因此各专业学生在生源地分布上是相同的。

分析同性恋偏见样本的数据，探讨人口学变量与无偏见动机和偏见的关系。由于被试大多为二年级，因此不再分析年级间差异；同样由于工科学生太少，将理科学生和工科学生合并成为理工科。

One-Way ANOVA 分析发现，女生较男生在自主调节（$M_女$=21.75，$M_男$=20.29）、投射调节（$M_女$=15.33，$M_男$=14.07）、内化度（$M_女$=28.50，$M_男$=21.66）得分上均高，女生较男生在外部调节（$M_女$=15.16，$M_男$=16.50）和偏见（$M_女$=49.98，$M_男$=57.31）上得分较低。专业对自主调节、外部调节、内化度和偏见都有影响。事后多重比较发现，自主调节上，文科生（M=22.08）得分显著高于理科生（M=20.43）；外部调节上，文科生（M=15.12）和理工科生（M=15.72）得分显著低于艺体生（M=17.32）；内化度上，文科生（M=29.38）得分显著高于理工科生（M=23.73）和艺体生（M=22.48）；偏见上，文科生（M=49.57）得分显著低于理工科生（M=54.88）和艺体生（M=55.48）。为了探明专业对无偏见动机和偏见的影响是否由于性别分布所造成的，研究者分别对男性和女性被试进行专业间的差异分析，方差分析和事后多重比较的结果表明，文科男生（M=25.25）较理工科男生（M=19.86）拥有较高的无偏见动机内化度水平；艺体女生（M=17.15）较理工女生（M=14.91）和文科女生（M=14.92）拥有较高的外部调节动机，文科女生（M=30.53）较理工女生（M=27.24）和艺体女生（M=23.80）拥有较多动机内化度，文科女生（M=48.14）较艺体女生（M=54.12）对同性恋的偏见程度更低。这表明，排除性别因素作用后，专业仍然对偏见和动机产生影响。

4.4 讨 论

4.4.1 无偏见动机的结构

心理学中对于心理结构的探讨，大致包含三种方式：第一种是理论取向的，这种方法是从已有的相关理论出发，自上而下建构某种心理特质；第二种是数据取向的，该方法不局限于理论，而是研究者通过开放式调查或施测大量相关项目,根据所得材料或数据,经过一定的分析方法,从中抽取不同的因素,从而建构某种心理特质;第三种是理论取向和数据取向的结合,研究者首先基于一定的理论基础,初步建构某种心理特质的结构,然后通过数据材料,对初步建构的心理结构进行修正。本研究便是采用第三种方式来建构无偏见动机这一心理特质,这种方式能够提高构想结构与实际结构之间的契合度(江光荣,2004)。

　　在本研究中,研究者同样基于自我决定理论来建构无偏见动机的维度。根据以往 Ryan 和 Deci 等人的研究模式,通过开放式问卷收集被试提到的无偏见反应的可能原因,然后分析所提到的原因,基于自我决定理论归纳无偏见动机所包含的具体维度。尽管 Ryan 和 Deci(2000a)认为动机可以根据动机的自主程度细致地区分为六个层次,但是在具体研究中,并非所有的动机都全部包含这六种动机类型,例如学业动机包括外部调节、投射调节、认同调节和内在动机四个维度(Ryan & Connell, 1989)。此外,自我决定理论中对动机类型的划分是纯理论性的,例如,认同调节和整合调节之间都存在于自我概念的融合和行为的工具性这些涵义,只是各自在不同动机中所占的重要性不同。因此,在实际测量中有些动机类型之间并不能通过项目进行很好的区分,例如,Ryan 等人(1993)在探讨宗教信仰自我调节时发现了投射调节和认同调节两个维度,在测量认同调节的项目中,既包括具有价值性的典型的认同调节的项目,如 "By going to church I learn new things";又包括类似于测量整合调节和内部动机的项目,如 "Turn to God because I enjoy spending time with Him"。又例如,Legault 等人(2007)的研究尽管提出了六维度结构,但是其研究中内在动机和整合调节的相关系数为 0.72,整合调节和认同调节的相关系数为 0.70,这表明这几个维度之间的区分并不是很好。

　　本研究在整理归纳开放式问卷资料时发现,没有反应内部动机的条目,即没有被试提到"表现无偏见反应是因为这能感到愉悦感"这类的原因;这与 Ryan 和 Connell(1989)研究亲社会自我调节时所得到的结果类似,他们所编制的《亲社会自我调节问卷》中同样未包括内在动机维度,只包含外部调节、投射调节和认同调节三个维度。由于整合调节和认同调节在项目中不易区分,因此本研究将无偏见反应动机划分为三个维度,将反映与自我概念相关的、主动性较高的项目归为一类,命名为自主调节,这也是 Ryan 和 Deci(2000b)根据自主—受控程度而提出的一种动机类型；剩余的两个维度分别是投射调节和外部调节，投射调节所反映的是个体由于偏见行为会导致内疚等消极情感，从而会避免偏见行为的产生，而外部调节则是个体由于他人看法或社会规则从而抑制自己的偏见行为。按照传统的内部外部动机划分，自主调节和投射调节是内部动机，而外部调节是外部动机；按照自我决定理论的自主性划分方式，投射调节和外部调节是受控动机（如图4-3所示）。

研究者基于该理论模型编制项目，用其测量被试的同性恋无偏见动机和农民工无偏见动机。并且通过验证性因素分析比较了该三维模型与内—外部动机模型和自主—受控模型各自的拟合情况，结果表明，三维模型的拟合情况最好，因此三维结构的合理性从数据中也获得了支持。此外，验证性因素分析还给出了三个维度之间的相关，结果表明在同性恋无偏见动机测量中，自主调节与投射调节的相关程度（0.28）和投射调节与外部调节的相关程度（0.61）均高于自主调节与外部调节的相关程度（0.19），在农民工无偏见动机测量中，自主调节与投射调节的相关程度（0.42），和投射调节与外部调节的相关程度（0.48）均高于自主调节与外部动机的相关程度（0.22），该结果支持了理论假设中三个维度之间自主性和内化度的递进关系。

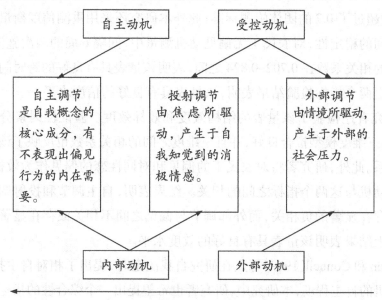

图4-3 无偏见动机三维模型图

4.4.2 无偏见动机量表的性能

本研究根据自我决定理论及其研究模式,建构了三维度结构的无偏见动机,并根据该模型的涵义,一方面借鉴国外已有相关量表,另一方面整理开放式问卷的结果,编制了无偏见动机的最初项目,后又经过专业和非专业人士的评定,选取表述清晰、意义明确的项目组成了包含 24 个项目的无偏见动机预测量表。之后研究者使用该量表对被试的一般性的无偏见动机进行了测量,经过项目分析,根据区分度标准"项目得分平均数小于 5,标准差大于 0.9 的",将出现天花板效应的项目 6 剔除。将剩余的 23 个项目进行探索性因素分析,在抽取三个公因子的基础上,剔除双重负荷的项目。为了平衡各维度项目数,每个维度最终保留了因子负载最高的 5 个项目,因此形成了包含 15 个项目的正式量表。

之后, 研究者利用正式量表,测量了被试对农民工群体的无偏见动机和对同性恋群体的无偏见动机。首先对所得数据进行项目分析,题总相关均在 0.632~0.883 之间,这表明量表项目都具有良好的区分度。本研究采用内部一致性系数衡量该量表的内部稳定性,各维度的内部一致性系数均在 0.726~0.895 之间,均超过了 0.7 的团体施测标准;此外本研究还采用重测信度衡量该量表的跨时间的稳定性,对农民工无偏见动机测量中,间隔 6 周的两次施测之间,各维度的相关系数在 0.702~0.824 之间,表明该量表具有良好的跨时间的稳定性。以上两个指标检验结果表明,该量表具有良好的信度水平。

研究者还检验了该量表的结构效度和效标效度。验证性因素分析的结果表明,三维度模型拟合良好,并且三维度之间的相关系数也反映了该结构的递进关系。此外,研究者将对农民工的偏见和对同性恋的偏见作为效标,考察无偏见动机与这两个指标之间的相关。结果表明,自主调节和投射调节与偏见之间存在显著的负相关,而外部调节与偏见之间不相关或存在显著的正相关。以上结果表明该量表具有良好的效度水平。

Ryan 和 Connell(1989)等人在研究自我决定时,提出了相对自主指标,以表示动机的自主程度,本研究中,研究者也希望提出一个综合性的指标来描述无偏见动机的整体情况。研究者提出了两个指数,一个是根据自我决定理论所提出的自主度指标,即 2 × 自主调节−投射调节−2 × 外部调节,另一种是基于内部—外部动机理论所提出的内化度指标，即 2×自主调节＋投射调节－2×外部调节。研究者认为，两种指数孰优孰劣，可以由其效标效度来评判，无论是同性恋群体偏见样本，还是农民工群体偏见样本，内化度与偏见的相关系数均高于自主度与偏见的相关系数，因此本研究采用内化度作为无偏见动机的综合指标。该指标的构建，使得对无偏见动机的研究，不仅仅可以从单个的维度方面进行考察，也可以从综合层面进行考察。

4.4.3　人口学变量对无偏见动机的影响

根据自我报告法测量的对农民工的偏见和对同性恋的偏见结果表明，当前大学生对农民工和同性恋的态度是积极的，并且无偏见动机内化程度也较高，这与当前我国社会文化的规范要求是一致的。

对于农民工偏见，理工科学生对农民工的偏见显著低于文科学生。究其原因，可能与理工科和文科学生的群体性格之间的差异有关。李寿欣和许芳（2006）使用中国人人格量表（QZPS）（王登峰，崔红，2001；王登峰，崔红，2003，王登峰，崔红，2004）对师范大学生的人格进行了测量，发现在中国人"大七"人格维度中的"善良"这一大因素以及包含于"善良"中的"利他"这一小因素上，理科生的分数高于文科生，这说明从群体层面来看，理科生更加关心他人，待人真诚友好；此外，在"耐性"和"宽和"两个小因素上，理科生得分也高于文科生，说明在群体层面上，理科生较文科生更加平和友善；以上的测量结果都表明，理科生较文科生更加温和稳定、关心他人。据此，研究者认为，理科学生的群体性格上较文科生更加的友善平和，因此他们便会在对待处于社会劣势地位的农民工时持有更加积极的态度。

此外，对农民工偏见上也呈现出城乡差异，来自县市的大学生对农民工的偏见显著高于来自农村的大学生。这与吴蓉萍（2005）的研究结果相一致，在她的研究中，来自非城市的大学生与来自城市的大学生相比，他们对农民工的态度更加积极。农民工是指"那些在城市中从事工业活动但保留农民身份的人"[①]，他们是从农村走出的，并且仍然保留着农民这一身份，而与之有着同

---

① 贺汉魂，皮修平.（2006）.农民工概念的辩证思考.求实,（5）: 56.

样乡土根源的农村大学生,与农民工有着类似的农村生活经历,更加了解农民工,有着更加相似的价值观和生活方式,因此他们对农民工可能会持有较少的消极刻板印象,有着更加积极的情感联系,因此,他们对农民工的态度较积极。

对于同性恋的偏见存在着性别差异,女生比男生有更低的偏见,这也与西方以往的研究结论相一致。Herek(1988)研究发现,对于男同性恋或女同性恋,女性较男性都有着更低的偏见,该结果也得到了很多研究的支持(Hendren& Blank, 2009; Ratcliff, Lassiter, Markman, & Snyder, 2006; Nierman, Thompson, Bryan, & Mahaffey, 2007; Steffens & Wagner, 2004; Gelbal & Duyan, 2006)。有研究者认为,性别观念(gender belief)的差异是造成该结果的原因之一,由于同性恋与传统的性别角色有冲突,因此持有传统性别观念个体,对同性恋便会有更强的偏见(Ratcliff, Lassiter, Markman, & Snyder, 2006);已有研究表明,男性较女性有着更为传统的性别观念(Whitley & ? gisdóttir, 2000; Ratcliff, Lassiter, Markman, & Snyder, 2006),因此与女性相比,男性对同性恋会更加刻板化,从而也更加偏见(Sakalli, 2002)。Nierman 等人(2007)的研究证实了该假设,在其研究中发现,性别观念在性别与同性恋偏见之间起到了完全中介作用。此外,无偏见动机的性别差异也是造成同性恋偏见性别差异的原因之一。本研究结果发现,女生较男生有更强的无偏见动机,这一结果与Ratcliff等人(2006)的研究结果相一致,该假设将在研究4中做进一步的验证。

同时,同性恋偏见还存在着专业的差异,文科生的无偏见动机内化水平最高,他们对同性恋的偏见也最弱。这可能与文科的学科性质有关,文科更多地关注人文方面的信息,因此他们可能对同性恋方面的信息了解也更加全面,因此可能拥有较少的刻板印象和消极情感联系。

在专业对农民工偏见和同性恋偏见的影响上,出现了方向性的分离,理工科学生对农民工偏见最弱,而文科生对同性恋偏见最弱。以往的研究表明,偏见是具有一定的人格基础的(李琼,郭永玉,2007),该人格基础会影响个体在偏见行为上出现跨群体的一致性;然而,对不同外群体的偏见,仍会受到其他因素的影响,例如外群体特征,外群体特征与个体的人格特质或群体的群体性格交互作用,从而影响着某一个个体或某个群体对该外群体的态度。专业对农民工偏见和同性恋偏见的影响的分离,便可能是由于上述原因。

4.5 结 论

（1）无偏见动机包含三个维度，即自主调节、投射调节和外部调节，三个维度之间的内化程度和自主程度呈递减趋势。

（2）根据三维度结构所编制的《无偏见动机量表》包含 15 个项目，该量表具有良好的信度，内部一致性系数在 0.726~0.895 之间，重测信度在 0.702~0.824 之间；此外，该量表还具有良好的结构效度和效标效度。

（3）理工科学生对农民工的偏见弱于文科生；来自农村的学生较县市学生对农民工的偏见也较弱。

（4）女生较男生有较强的对同性恋的无偏见动机，有着较弱的同性恋偏见；文科生较理工科和艺体学生也有着较强的无偏见动机和较弱的同性恋偏见。

5 研究2 无偏见内隐和外显动机关系研究

5.1 引 言

当代动机研究者认为，动机可以区分为内隐和外显两种不同的结构（McClelland, Koestner, & Weinberger, 1989）。起先，两种动机的区分主要是在成就动机领域，并且是基于测量方式的不同来体现的，内隐的动机通常是通过主题统觉测验（Thematic Apperception Test, TAT）来测量，而外显动机则主要通过自我报告的方式来测量。由于这两种测量的结果并没有相关，并且二者的影响因素和作用并不相同，因此研究者认为它们是人格的两个方面。McClelland将内隐动机分为权利动机、成就动机和归属动机三大类（"大三"内隐动机），它源自于个体早期的非言语情感经验，与基本需要、即时回报需要和自发动机有关，它更多地指向对行为的兴趣；外显动机则是源自于个体对自己行为的觉察以及他人对行为的反馈，外显动机受到社会规范的影响，目标是研究者最为关注的外显动机概念（李明，2007；Hugo, 2004）。

对于无偏见动机，Glaser和Knowles（2008）认为同样存在着内隐和外显动机的区分。并且利用IAT测量"对偏见的消极态度"和"偏见自我"两个指标来获得无偏见内隐动机的水平。但是Glaser和Knowles（2008）所提出的无偏见内隐动机是否确实是"内隐"的，仍有所疑问。首先，根据传统的对内隐动机概念的分析，内隐动机源自于个体早期的非言语情感经历，而对偏见的控制则更多地源自于儿童后天通过语言交流所传授的价值观和目标，因此这更倾向于是外显动机的一类。

其次,Park 和 Glaser(2008)在无偏见内隐动机研究中发现,IMCP 在认知耗竭(cognitive depletion)与无意识歧视的关系中起到调节作用,高 IMCP 被试认知是否耗竭不会影响其之后的无意识歧视测量;而低 IMCP 被试认知耗竭会增加其无意识歧视水平。同时,Legault 等人(2009)在无偏见外显动机的研究中,同样发现了相同的效应,即自我决定动机在认知耗竭和内隐偏见关系中的调节作用对于自我决定偏见调控者(self-determined prejudice regulators)在认知耗竭情境和非耗竭情境中使用 IAT 测量的内隐偏见水平是相当的;而非自我决定偏见调控者在耗竭情境下的内隐偏见要高于非耗竭情境。

因此,研究者认为,用 IAT 所测量的所谓无偏见内隐动机应该只是社会规则的内化程度,而不是传统意义上所说的内隐动机。**本研究的研究假设 1 认为,IAT 所测量的"对偏见的消极态度"应该与无偏见动机的内化程度有正相关,即无偏见动机内化程度越强,对偏见的态度越消极。**此外,在使用 IAT 测量"偏见自我"时,实际上与无偏见量表中的自主调节有着类似的含义,即测量的都是自我概念中的"偏见/非偏见"特质,由于内隐自尊和外显自尊的研究表明二者存在着低相关(Bosson, Swann, & Pennebaker, 2000;蔡华俭,2003b;杨福义,梁宁建,2007),因此**本研究假设 2 认为,无偏见量表的内化度与"偏见自我"存在着低的负相关,即自主调节越高,偏见自我越低。**

5.2 研究设计

5.2.1 被试

某师范大学公共心理学课堂征集的大学生以及通过网络征集到的学生。每名被试完成试验后都有礼物赠送。共有被试 45 名,其平均年龄为 19.84(标准差为 0.83)岁;其中男生 11 人,女生 34 人;大二学生 43 人、大三学生 1 人,大四学生 1 人;文科生 20 人,理科生 16 人,工科生 4 人,艺体生 5 人。

5.2.2 变量测量

(1)无偏见外显动机的测量

利用研究 1 中编制的《无偏见动机量表》,测量一般的无偏见动机的各维度水平以及整体的动机内化水平。

(2)无偏见内隐动机的测量

根据 Glaser 和 Knowles(2008)研究中所设计的无偏见内隐动机的测量方式,利用IAT测量"对偏见的消极态度"和"对自己的偏见信念"两个指标,但是对其测量也进行了一些改动。由于 IAT 只能够对配对类别进行测量,因此所测量的是两个对象类别相对的态度差,而不能测量对单独对象的态度(Greenwald & Farnham, 2007)。Glaser 和 Knowles(2008)在研究中将偏见(prejudice)/包容(tolerance)作为互补对象类别来测量"对偏见的消极态度",该结果所测量的是相对于包容,偏见是否是更消极的,而非对偏见的态度,该结果不仅取决于对偏见的态度,还取决于对包容的态度;在"对自己的偏见信念"的测量中也存在类似问题。尽管研究者们发明了其他的能够测量单一对象内隐态度的方法,如命中联结测验(Go/No-go Association Task, GNAT, Nosek & Banaji, 2001)和外部情感西蒙测验 (Extrinsic Affective Simon Task, EAST, De Houwer, 2003),但是这些测验的信度较低(温芳芳,佐斌,2007)。

因此,本研究借鉴 Gross 和 Hardin(2007)的方法,在"对偏见的消极态度"测量中,将"偏见"(样例刺激,如偏见、成见)与"家具"(如桌子、板凳)作为配对的对象类别,将"好的"(如开心、温暖等)和"坏的"(如痛苦、忧伤等)作为配对的属性类别;在"对自己的偏见信念"测量中,将"我"(如自我、本人等)和"家具"作为配对的对象类别,将"偏见"与"包容"(如接纳、包容等)作为配对的属性类别。实验中所用类别和样例刺激如表 5-1 所示。

表 5-1　实验所用类别标签和样例刺激

类别	样例刺激
我	我、自己、自个、自我、本人
家具	书桌、椅子、衣柜、沙发、橱子
偏见	偏见、成见、歧视、私见、prejudice
包容	包容、接纳、宽容、理解、tolerance
好的	美丽、荣誉、聪明、高尚、快乐、成功、幸运
坏的	失败、自卑、虚伪、愚蠢、痛苦、死亡、卑鄙

实验中所用 IAT 程序均是根据 Inquisit3.0 软件自带的 "标准 IAT" 程序经过部分汉化而得。此 IAT 程序包括 7 个步骤（如表 5-2 所示）。被试按要求对屏幕中央所呈现的词汇进行分类,属于左边类别的按 "E" 键,属于右边类别的按 "I" 键;如果被试分类错误,系统会给予提示,并要求被试以最快的速度按正确键以纠正错误;为平衡顺序效应,测验中的相容和不相容任务部分的安排是随机的;Inquisit3.0 软件会自动记录被试的反应情况,并且计算被试的 IAT 效应 D 值。

表 5-2　IAT 程序示例

步骤	反应次数	任务	类别
1	20	属性词辨别	好的——坏的
2	20	对象词辨别	家具——偏见
3	20	相容任务（练习）	好的+家具——坏的+偏见
4	40	相容任务（测试）	同上
5	20	对象词辨别	偏见——家具
6	20	不相容任务（练习）	好的+偏见——坏的+家具
7	40	不相容任务（测试）	同上

注:该步骤以"对偏见的消极态度"测量为例;相容任务和不相容任务随机调换顺序。

5.2.3　研究步骤

被试来到实验室后,先填写《无偏见动机量表》,之后在电脑上完成 2 个 IAT 程序,分别测量"对偏见的消极态度"和"对自己的偏见信念"。为避免顺序效应,被试完成 2 个 IAT 程序的顺序不同。

5.2.4　统计方法

描述性统计分析、皮尔逊积差相关和方差分析。

5.3 结 果

所有被试的数据均纳入到数据分析中。

5.3.1 反应时结果

反应时分析中,将 IAT 的 7 步骤中的相容和不相容任务的正式测量部分进行分析,并且删除了错误反应的反应时。2 个 IAT 测量的反应时结果如表 5-3 所示。

表 5-3 反应时结果

	相容任务	不相容任务
对偏见的消极态度	754.46(406.94)	926.77(541.33)
对自我是否偏见的信念	759.56(401.89)	800.69(416.85)

注:括号中为标准差。

5.3.2 IAT 效应结果

Nosek 等人认为,在现有的几种 IAT 效应估计中,D 值是较为有效的指标。在允许被试纠错的 IAT 程序中,可以按照以下步骤来计算 D 分数:(1)使用第 3、4、6、7 步的数据;(2)剔除反应时大于 10000ms 的数据;(3)10%以上的数据小于 300ms,此被试予以剔除;(4)计算第 3 步和第 6 步所有数据的标准差,再计算第 4 步和第 7 步所有数据的标准差;(5)计算第 3、4、6、7 步,每步的平均反应时;(6)计算第 6 步和第 3 步的均值差(M_6-M_3),计算第 7 步和第 4 步的均值差(M_7-M_4);(7)将这两个差值分别除以相对应的标准差;(8)求这两个商数的平均数,即为 D 值(Nosek, Greenwald, & Banaji, 2007)。根据上述方法,计算三个指标的 D 值。

对于 D 值的涵义,$D_{偏见}$ 越高,表明个体对偏见的态度越消极,$D_{自我}$ 越高,表明对自我的偏见信念越低。两个指标的 D 值分别为,$D_{偏见}$ 为 0.490,$D_{自我}$ 为 0.121。将 2 个数值分别与 0 进行比较,t 检验结果为,对于 $D_{偏见}$,$t_{(44)}=8.06$,$p<0.001$;对于 $D_{自我}$,$t_{(44)}=2.36$,$p<0.05$。

5.3.3 外显和内隐动机的关系分析

无偏见动机各维度及综合指数内化度与 2 个内隐动机指标的相关分析结果如表 5-4 所示。由该表中数据可见，自我报告法测量的无偏见动机和 IAT 测量的无偏见动机之间不存在显著的相关。

表5-4 内隐和外显无偏见动机相关分析结果

	自主调节	投射调节	外部调节	内化度
对偏见的消极态度	−0.087	−0.233	−0.081	−0.092
对自我是否偏见的信念	−0.034	−0.152	−0.133	−0.004

Glaser 和 Knowles（2008）认为"对偏见的消极态度"和"对自我是否偏见的信念"两个指标共同决定了内隐无偏见动机的高低，高"对偏见的消极态度"和高"对自我是否偏见的信念"的内隐无偏见动机是最强的。因此，本研究中根据 D 值，将"对偏见的消极态度"和"对自我是否偏见的信念"按照中位数进行高低组的划分。高分组和低分组的得分差异比较如表 5-5 所示，由此可见，高低分组的得分是差异显著的。

表5-5 高低分组平均分及 t 检验结果

	高分组	低分组	$t(df=43)$
对偏见的消极态度	0.804	0.161	8.65***
自我是否偏见的信念	0.386	−0.156	8.64***

分别考察"对偏见消极态度"（NAP）和"自我是否偏见的信念"（BOP）对内化度、自主调节、投射调节和外部调节的效应。方差分析结果表明，对于自主调节，自我是否偏见的信念（$F_{(1,41)}=0.00$，$p=0.99$）、对偏见的消极态度（$F_{(1,41)}=0.17$，$p=0.69$）和二者的交互效应（$F_{(1,41)}=0.15$，$p=0.71$）均不显著；对于投射调节，自我是否偏见的信念（$F_{(1,41)}=0.44$，$p=0.51$）的作用不显著，对偏见的消极态度作用显著（$F_{(1,41)}=6.58$，$p=0.01$），二者的交互作用也不显著（$F_{(1,41)}=0.70$，$p=0.41$），平均数比较发现，内隐偏见态度较低的被试（$M=19.59$）投射调节得分高于内隐偏见态度较高的被试（$M=16.17$）；对于外部调节，自我是否偏见的信念（$F_{(1,41)}=0.94$，$p=0.34$）、对偏见的消极态度（$F_{(1,41)}=0.06$，

$p = 0.81$）和二者的交互效应（$F_{(1, 41)} = 3.92, p = 0.06$）均不显著；对于动机的内化度，自我是否偏见的信念（$F_{(1, 41)} = 1.01, p = 0.32$）、对偏见的消极态度（$F_{(1, 41)} = 1.40, p = 0.24$）和二者的交互效应（$F_{(1, 41)} = 1.79, p = 0.19$）均不显著。

由于间接测量是由控制加工和自动加工共同作用的结果，IAT 所测得的结果并不能反映纯粹的自动加工，因此研究者利用四分模型对 IAT 加工过程进行分解。研究者根据被试无偏见动机内化度得分选取前 27% 和后 27% 组成高动机组（$N = 12$）和低动机组（$N = 13$），两组的内化度平均分分别为 8 和 35.08，t 检验结果表明差异显著，$t_{(22)} = -11.53, p < 0.001$。研究者将两组被试的偏见态度 IAT 和自我概念 IAT 进行四分模型的分解，在本研究研究者主要关注高低动机被试在偏见—消极联结和自我—包容联结上的差异。

比较模型中某两条路径是否相等，可以在模型设置中将该两条路径设置为等值估计，然后看模型更改前后的 χ^2 值改变情况，若 χ^2 值改变显著，则表明两条路径是不等值的。基于此，研究者对高低无偏见动机内化度被试的偏见—消极联结和自我—包容联结强度进行了比较。结果表明，若将高低动机组被试的 AC（偏见—消极）设定为等值，χ^2 值改变为 3.07，自由度改变量为 1，$p = 0.08$；高动机组和低动机组的 AC（偏见—消极）分别为 0.086 和 0.044，若放宽统计显著性标准，可以判断无偏见动机与偏见—消极联结之间存在弱的正相关，无偏见动机内化程度越高，个体对偏见的消极态度越强。若将高低动机组被试的 AC（自我—包容）设定为等值，χ^2 值改变为 1.19，自由度改变量为 1，$p = 0.28$，因此无偏见动机与自我—包容联结没有相关。

5.4 讨 论

5.4.1 内隐联结测验在动机测量中的使用

内隐联结测验于 1998 年由 Greenwald 等人提出之后，得到了心理学家们的广泛关注和使用。该方法利用反应时指标，测量几个概念之间的相对的联结强度，并且被认为该方法所测量的结果是不受意识知觉和控制的，是"内隐的"。因此，内隐联结测验被广泛地应用于社会认知领域研究，用于测量态度、刻板印象、自尊和自我概念等。

2004 年,Brunstein 和 Schmitt 首次使用内隐联结测验对内隐成就动机进行了测量,研究者使用自我相关的词和他人相关的词作为对象类别,使用成功和不成功的词作为属性类别,来考察成功和不成功与自我和他人的相对联结强度,从而测量内隐成就动机的强度。与之相类似的,李明(2007)使用内隐联结测验对内隐成就动机、内隐权力动机和内隐归属动机进行了测量。而Glaser 和 Knowles(2008)又将内隐联结测验引入到对无偏见内隐动机的测量中,研究者不仅测量了偏见和包容与自我的相对关联强度,还测量了偏见与积极和消极的相对关联强度。上述研究都在一定程度上证明了内隐联结测验测量内隐动机的有效性。李明(2007)的研究发现,IAT 所测量的内隐动机与 TAT 所测量的内隐动机之间存在 0.24 的显著相关。

由于内隐联结测验所测量的是配对类别之间的相对联结强度,而不是单个联结的绝对强度(温芳芳,佐斌,2007),因此在对内隐动机的测量中可能存在不同的解释。以无偏见内隐动机中偏见的消极态度测量为例,不相容任务比相容任务反应时间长,只能证明偏见比包容更消极,而不能证明偏见是消极的这一假设。对此,很多学者提出了其他的能够测量单类别联系强度的方法,但是这些方法的信效度水平仍待考察(温芳芳,佐斌,2007)。吴明证(2006)在研究中发现了 IAT 效应的可加性,如图 5-1 所示,假设 E(a)、E(c)和 E(b)是态度对象 a、b 和 c 在消极—积极评价连续体上所处的位置,那么则有 IAT(a,b)= IAT(a,c)+ IAT(c,b)。因此,在本研究中研究者对测量无偏见内隐动机的指标和 IAT 设置进行了修改,将 Glaser 和 Knowles(2008)所提出的对偏见的消极内隐态度修改为将偏见与中性效价的家具进行配对;还将自我与家具进行配对测量自我是否偏见的信念。基于吴明证(2006)的研究,该IAT 效应的分解是具有理论效度的。但是,仍然需要注意的是,由于该研究中没有涉及内隐动机的效标测量,因此该测量方式的实证效度仍需在今后的研究中进行验证。

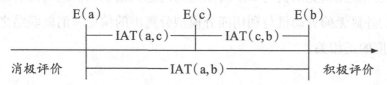

图 5-1 IAT 效应的可加性示意图(吴明证,2006)

5.4.2 无偏见内隐动机与外显动机的关系

本研究相关分析结果发现,2个无偏见内隐动机指标得分与自我报告法测量的无偏见动机及其内化度指标之间相关不显著;而方差分析的结果则表明,对偏见的消极内隐态度指标与投射调节之间存在负相关。这与 Glaser 和 Knowles(2008)的研究结果不太相同,在他们的研究中,对偏见的消极内隐态度指标与 IMS 和 MCPR 之间呈显著的负相关,而对自我是否偏见的内隐信念则与 IMS、EMS 和 MCPR 之间相关不显著。此外,Glaser 和 Knowles(2008)认为,对偏见的内隐消极态度和自我是否偏见的内隐信念二者共同决定着个体无偏见内隐动机的水平。本研究方差分析结果表明,对偏见的内隐消极态度和对自我是否偏见的内隐信念之间没有显著的交互作用。该结果与 Park 等人(2008)的研究结果相同。

由于 IAT 所测量的结果并不是纯粹的自动加工结果,因此研究者使用四分模型对 IAT 反应进行了分解,研究者主要考察了偏见—消极联结和自我—包容联结与无偏见动机的关系,研究结果发现偏见—消极联结与无偏见动机内化度之间存在一定的正相关,而自我—包容联结与无偏见动机之间没有相关。该结果在一定程度上支持了研究者的假设,即无偏见内隐动机并不是传统意义上的内隐动机,它是外部规范高度内化之后的自动化状态。值得注意的是,该相关是在统计显著标准较为宽松的情况下($p < 0.08$)获得的。因此,在今后的研究中需要对该结果进行更进一步的验证。

5.5 结 论

(1)外显无偏见动机与 IAT 所测量的内隐无偏见动机之间没有相关。

(2)外显无偏见动机与利用四分模型分离出的偏见—消极联结之间存在一定程度的正相关。

6 研究3
无偏见动机对内隐偏见的抑制作用

6.1 引 言

文献综述中已经介绍,对于无偏见动机与内隐偏见的关系已有研究结果并不完全一致:有部分研究结果表明,无偏见动机,尤其是无偏见内部动机不仅仅能够有效预测外显偏见(如 Plant & Devine, 1998;Klonis, Plant, & Devine, 2005;Akrami & Ekehammar, 2005),而且与内隐偏见也存在相关,动机越强,人们的内隐偏见越低(如 Devine, Plant, Amodio, Harmon-Jones, & Vance, 2002;Hausmann & Ryan, 2004;Legault, Green-Demers, Grant, & Chung, 2007);但是也有研究得出了不同的结论,发现无偏见动机与内隐偏见之间没有相关(如 Banse, Seise, & Zerbes, 2001;Lowery, Hardin, & Sinclair, 2001;Payne, Cheng, Govorun, & Stewart, 2005;Gabriel, Banse, & Hug, 2007)。因此,本研究将初步探讨中国被试的无偏见动机与内隐偏见的关系。

内隐和外显态度研究多采用的是任务分离程序,即将间接测量态度等同于内隐态度,而将直接测量态度等同于外显态度。但是有研究者认为,任务分离程序无法很好地区分两种态度,例如,Fazio 和 Olson(2003)认为间接测量态度会受到自发加工和审慎加工共同的作用,是混合加工的结果。因此要分析自动加工偏见,需要对间接测量结果进行进一步的分析。当前两种分析方法较有影响力,其一是加工分离程序(Process Dissociation Procedure, PDP;Jacoby, 1991;Lindsay & Jacoby, 1994),其二是四分模型(the quad model of implicit task performance;Conrey, Sherman, Gawronski, Hugenberg, & Groom, 2005)。这两种方法在前文中已有详细介绍,在此不再赘述。

关于无偏见动机与自动激活偏见的关系,Payne(2001)利用武器辨别任务测量种族刻板印象,然后利用加工分离程序对完成武器辨别任务中所利用的自动加工和控制加工进行了分析,并且探讨了MCPR与自动加工和控制加工的关系。在其研究1中发现,MCPR与自动加工成分和控制加工成分都没有关系,而在研究2中发现,MCPR与自动加工成分呈负相关,MCPR得分越高,则会表现出越少的自动偏向。Gonsalkorale等人(2011)利用四分模型对武器辨别任务和IAT中的加工过程进行了分解,发现高IMS/低EMS被试的自动激活水平最低,并且他们明确正确反应的能力最强,但是克服偏差(OB)与动机则没有关系。邓羽(2009)利用IAT来测量艾滋病刻板印象,然后利用四分模型对其进行了分解,并且探讨了IMS和EMS与各成分的关系,结果发现只有OB与IMS之间存在相关。

对于已有研究,Payne利用RA模型分解武器辨别任务似乎欠妥,因为武器辨别任务更应该是一种自动激活为最初加工形式的任务,尽管Bishara和Payne(2009)研究中的数据支持RA模型的最佳拟合性,但是根据理论分析,其更应该用Stroop模型或四分模型进行分解。Gonsalkorale等人(2011)和邓羽(2009)的研究结果完全不同,由于邓羽所测量的是刻板印象,而Gonsalkorale等人用IAT所测量的是态度,尽管两个概念之间存在一定的相关,但仍旧有所差别。

本研究中,研究者将利用IAT测量同性恋偏见,并基于四分模型对各加工成分进行分解,然后探讨激活(AC)、觉察(D)、克服偏差(OB)和猜测(G)与无偏见动机的关系。

6.2　研究设计

6.2.1　被试

研究1在正式施测同性恋偏见样本时,问卷的最后有一段描述用来征集参加研究3的被试,共征集到142名被试的联系方式,其中有5名被试在同性恋倾向项目上的得分为4以上(6点计分),因此剔除该5名被试;然后将剩余的137名被试按照无偏见动机内化度高低进行排序,从高分端获得被试29人,从低分端获得被试32人,因此参加实验的共有61名异性恋被试。高低分组的动机内化度平均分分别为 M 高分组=41.47, M 低分组=14.10, t 检验结果为 $t(59)=-14.52, p<0.001$。可见,高低分组被试的无偏见动机是差异显著的。参加实验的61名被试中,低动机组男性19名,女性13名,高动机组男性5名,女性24名;平均年龄为19.91岁。实验完成后每名被试获得一份礼物。

6.2.2 变量测量

6.2.2.1 直接测量

采用研究1中编制的《无偏见动机量表》测量大学生同性恋无偏见动机水平。采用《大学生对同性恋态度问卷》(郑小蓓,张秋媚,陈岳标,詹海都,2007)测量被试对同性恋的外显偏见。

6.2.2.2 间接测量

根据Conrey等人(2005)的研究,采用5步骤的IAT测量被试对同性恋的偏见。将"同性恋"(样例刺激,如断袖、同性恋)和"异性恋"(如异性恋、夫妻)作为IAT对象类别配对组,将"好"和"坏"作为属性类别配对组。该IAT的标签和样例刺激如表6-1所示。

表6-1 实验所用类别标签和样例刺激

类别	样例刺激
异性恋	夫妻、丈夫、妻子、婚姻、marriage、媳妇、新郎、新娘
同性恋	蕾丝边、Gay、同志、断袖、断背山、玻璃、Lesbian、龙阳
好的	魅力、善良、聪明、高尚、快乐、成功、幸运、荣誉
坏的	失败、自卑、虚伪、愚蠢、痛苦、谩骂、死亡、卑鄙

实验中所用IAT程序均是根据Inquisit 3.0软件自带的"简化版IAT"程序经过部分汉化而得。此IAT程序包括5个步骤(如表6-2所示)。被试按要求对屏幕中央所呈现的词汇进行分类,属于左边类别的按"A"键,属于右边类别的按小键盘的"5"键;如果被试分类错误,系统会给予提示,提示呈现200ms后自动消失,并继续下一个刺激呈现;为平衡顺序效应,测验中的相容和不相容任务部分的安排是随机的;Inquisit 3.0软件会自动记录被试的反应情况。

表6-2 IAT 程序示例

步骤	反应次数	任务	类别
1	20	属性词辨别	好的——坏的
2	20	对象词辨别	异性恋——同性恋
3	40	相容任务(练习)	好的+异性恋——坏的+同性恋
4	20	对象词辨别(反向)	同性恋——异性恋
5	40	不相容任务	好的+同性恋——坏的+异性恋

6.2.3 统计分析

根据四分模型对 IAT 加工成分进行分解,利用多项式建模获得 AC、D、OB 和 G 的估计值,利用描述性统计分析描述 IAT 效应,利用皮尔逊积差相关探讨 IAT 效应和无偏见动机的关系,利用方差分析探讨无偏见动机和 AC 对自我报告偏见的作用。

6.3 结 果

有 4 名低分组被试的反应错误率超过 20%,因此剔除该部分被试的数据(Greenwald, McGhee, & Schwartz, 1998)。

6.3.1 IAT 效应分析

因为该 IAT 为 5 步骤,因此根据 Greenwald 等人(1998)所提出的方法来计算 IAT 效应:(1)剔除错误反应率超过 20%的被试;(2)将相容和不相容任务阶段正确反应的反应时进行分析;(3)反应时小于 300ms 的计为 300ms,大于 3000ms 的计为 3000ms;(4)为了进行进一步运算,将反应时进行对数转化;(5)对数转化后的不相容任务和相容任务数据之差为 IAT 效应。根据上述方法计算得的 IAT 效应平均值为 0.32,标准差为 0.21,将其与 0 进行比较,t 检验结果为 $t_{(56)}=11.42$, $p<0.001$。由此可见,使用 IAT 所测量的被试对同性恋的态度是消极的。为了更加直观地了解相容任务和不相容任务反应时差别,两种任务下原始反应时结果如图 6-1 所示。

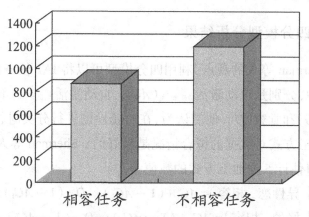

图6-1 相容和不相容任务下的平均反应时

IAT效应与无偏见动机和自我报告法测量的偏见之间的相关分析如表6-3所示。IAT效应与自我报告法测量的对同性恋的偏见具有显著的正相关,而内化度对IAT效应也有最强的预测力。

表6-3 IAT效应、外显偏见和无偏见动机相关分析结果

	1	2	3	4	5
1 IAT效应	—				
2 外显偏见	0.397**	—			
3 自主调节	−0.322*	−0.695***	—		
4 投射调节	−0.242	−0.366**	0.417**	—	
5 外部调节	0.406**	0.071	−0.174	0.108	—
6 内化度	−0.496***	−0.568***	0.818***	0.514***	−0.627***

高动机组与低动机组被试在相容任务和不相容任务下的反应正确率如表6-4所示。经过卡方检验表明,相容任务阶段,高动机组和低动机组的反应正确率是相当的;而在不相容任务阶段,高动机组的反应正确率显著高于低动机组。

表6-4 高、低动机被试的IAT反应正确率(%)

	相容任务	不相容任务
高动机组	97.93	94.91
低动机组	97.14	89.73
χ^2	0.96	14.09***

6.3.2　四分模型分析结果

根据 Sherman 等人的观点，利用四分模型可以将 IAT 任务的认知加工过程分解为 5 种，分别是自动激活$_{异性恋—好}$(AC_1)、自动激活$_{同性恋—坏}$(AC_2)、克服偏向(OB)、猜测(G)和觉察(D)；他们认为，在对属性词进行分类时，没有 OB 的参与，该 5 种加工方式对数据的拟合情况是最好的。Sherman 等人认为，可以依靠以下等式组估计 5 种加工方式的数值：

$$P(正确 | 异性恋, 相容) = AC_1 + (1 - AC_1) \times D + (1 - AC_1) \times (1 - D) \times G$$

$$P(正确 | 好的, 相容) = AC_1 + (1 - AC_1) \times D + (1 - AC_1) \times (1 - D) \times G$$

$$P(正确 | 同性恋, 相容) = AC_2 + (1 - AC_2) \times D + (1 - AC_2) \times (1 - D) \times (1 - G)$$

$$P(正确 | 坏的, 相容) = AC_2 + (1 - AC_2) \times D + (1 - AC_2) \times (1 - D) \times (1 - G)$$

$$P(正确 | 异性恋, 不相容) = AC_1 \times D \times OB + (1 - AC_1) \times D + (1 - AC_1) \times (1 - D) \times (1 - G)$$

$$P(正确 | 好的, 不相容) = (1 - AC_1) \times D + (1 - AC_1) \times (1 - D) \times G$$

$$P(正确 | 同性恋, 不相容) = AC_2 \times D \times OB + (1 - AC_2) \times D + (1 - AC_2) \times (1 - D) \times G$$

$$P(正确 | 坏的, 不相容) = (1 - AC_2)D + (1 - AC_2)(1 - D)(1 - G)$$

分别将高分组和低分组被试的反应数据进行模型拟合和路径估计，结果如表 6-5 所示。两个组别的数据拟合度均可接受，卡方检验的显著性程度均大于 0.05。

表 6-5　高低动机组四分模型分析结果

	AC_1	AC_2	OB	G	D	χ^2	df
低动机组	0.094	0.056	0.000	0.615	0.936	7.739	3
高动机组	0.048	0.011	0.000	0.445	0.955	3.246	3

比较路径系数与某一特定值的差异，可以在模型设置中将该路径值设定为某一特定值，然后进行极大似然估计，比较设定前后模型拟合度的改变量，若 χ^2 改变明显，则表明原路径系数与该特定值不相等，若 χ^2 改变不明显，则表明原路径系数与该特定值相等。基于此，分别将低动机组的 AC_1、AC_2、OB 和 D 与 0 进行差异比较，将 G 与 0.5 进行差异比较，结果发现 AC_1 显著地大于 0，

$\Delta\chi^2(1) = 50.921, p < 0.001; AC_2$ 显著大于 $0, \Delta\chi^2(1) = 20.524, p < 0.001; OB$ 与 0 差异不显著, $\Delta\chi^2(1) = 0.000, p = 1.000; D$ 显著大于 $0, \Delta\chi^2(1) = 1690.041, p < 0.001;$ G 与 0.5 差异不显著, $\Delta\chi^2(1) = 2.096, p = 0.148$。分别将高动机组的 AC_1、AC_2、OB 和 D 与 0 进行差异比较,将 G 与 0.5 进行差异比较,结果发现 AC_1 显著地大于 $0, \Delta\chi^2(1) = 23.609, p < 0.001; AC_2$ 与 0 没有差异, $\Delta\chi^2(1) = 1.549, p = 0.213;$ OB 与 0 差异不显著, $\Delta\chi^2(1) = 0.000, p = 1.000; D$ 显著大于 $0, \Delta\chi^2(1) = 1998.049,$ $p < 0.001; G$ 与 0.5 差异不显著, $\Delta\chi^2(1) = 0.407, p = 0.523$。

为了比较高低动机组在各个加工方式上的差异。分别将两组数据的 5 条路径设置为等值,然后再进行极大似然估计,考察设定后的模型拟合情况与未设定时的差异,结果如表 6-5 所示。由表 6-5 和表 6-6 中结果可知,低动机组被试自动激活的"异性恋—好的"联结 (AC_1) 强于高动机组被试,低动机组被试自动激活的"同性恋—坏的"联结 (AC_2) 强于高动机组被试。对于 OB、D 和 G,高低动机组均无差异。

表 6-6　高低动机组各路径系数比较结果

	AC_1	AC_2	OB	D	G
$\Delta\chi^2$	4.661	7.180	0	2.067	1.888
df	1	1	1	1	1
p	0.031	0.007	1.000	0.151	0.169

6.3.3　自动激活偏见和无偏见动机对外显偏见的作用

利用四分模型,对每名被试的自动激活态度 $(AC_1$ 和 $AC_2)$、OB、D 和 G 进行分解。其中有 3 名低动机被试数据的模型拟合不好,因此在进一步分析中剔除这 3 名被试的数据,共得到有效数据 54 例。所得数据的平均数和标准差如表 6-7 所示。

表 6-7　AC、OB、D 和 G 的描述性统计结果

	AC_1	AC_2	OB	D	G
平均数	0.091	0.046	0.534	0.932	0.536
标准差	0.097	0.058	0.481	0.084	0.342

根据被试自动激活的"同性恋—坏的"联结 (AC_2) 强度,将被试区分为高

自动激活组和低自动激活组,其中低自动激活组有29人,高自动激活组25人。

利用方差分析,考察无偏见动机内化度和自动激活同性恋偏见对外显偏见的作用,方差分析结果如表6-8所示。

表6-8 无偏见动机内化度和自动激活同性恋偏见对外显偏见的作用

	自由度	均方	F
自动激活偏见	1	693.34	3.98*
无偏见动机	1	2871.34	16.50***
交互作用	1	693.83	3.99*
误差	50	174.04	

由于自动激活偏见和无偏见动机的交互作用显著,因此进一步进行简单效应的检验。简单效应分析结果表明(如图6-5所示),在高无偏见动机水平上,自动激活偏见高的被试和自动激活偏见低的被试在外显偏见上得分差异不显著($F_{(1, 51)} = 0.61, p > 0.05$);而在低无偏见动机水平上,自动激活偏见高的被试在外显偏见上得分显著高于自动激活偏见低的被试($F_{(1, 51)} = 8.79, p < 0.01$)。在低自动激活水平上,无偏见动机高低被试在外显偏见得分上没有差异($F_{(1, 51)} = 3.66, p > 0.05$),而在高自动激活水平上,低无偏见动机被试在外显偏见上的得分显著高于高无偏见动机被试($F_{(1, 51)} = 19.38, p < 0.001$)。

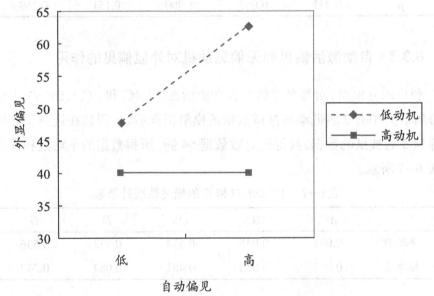

图6-2 自动偏见和无偏见动机对外显偏见的作用

6.4 讨 论

6.4.1 无偏见动机与自动激活偏见的关系

以往的很多关于内隐与外显态度的研究都是基于任务性分离的基础上的,即认为通过间接测量方法所测得的是内隐态度,而通过自我报告法所测量到的是外显态度。对此,有研究者提出了自己的异议。Fazio 和 Olson(2003)认为间接测量方法所获得的结果会受到自动加工和控制加工的共同影响;而Gawronski 和 Bodenhausen(2006)认为,直接测量的结果同样既受到控制加工的影响,也受到自动加工的作用。De Houwer(2006)指出,加工过程不应该与测量方法相等同,不能用测量概念来代替加工概念。正如记忆心理学家所不断探索的,从任务分离到加工分离,越来越深入探究记忆的加工机制,社会认知心理学家也逐步将目光集中到了内隐态度与外显态度的加工过程中。研究者们在借鉴记忆加工分离程序的基础上,提出了四分模型这一可以更精确地分离社会认知加工过程的模型(Conrey, Sherman, Gawronski, Hugenberg, & Groom, 2005; Sherman, Gawronski, Gonsalkorale, Hugenberg, Allen, & Groom, 2008)。利用该模型可以将间接测量任务中的自动加工成分与控制加工成分分离。

本研究中,研究者利用四分模型将使用内隐联结测验所测量的同性恋刻板印象和偏见进行了加工分离,区分了 5 种加工过程。研究发现无偏见动机与自动激活态度的相关,该结果与 Sherman 等人(2008)的研究结果相一致,他们的研究发现,发现高 IMS/低 EMS 被试[①]的自动激活水平最低。此外,本研究结果还发现,高动机组被试的自动激活的同性恋消极评价为 0。以上结果说明,无偏见动机高的被试,他们已经从"根本上"改变了对同性恋的消极态度,他们对同性恋群体所表现出的无偏见反应不是由于他们控制了偏见态

---

① Devine 等人(2002)认为,高内部动机/低外部动机的被试是具有自我决定动机的被试,他们表现出无偏见反应的自主水平和内化水平最高,因此该类被试等同于本研究中的高动机组的被试。

度的作用,而是因为他们已经不再认为同性恋群体是不好的。

6.4.2 外显偏见与间接测量偏见和自动偏见的关系

本研究中,相关分析的结果表明,IAT 所测量的同性恋偏见与自我报告法测量的同性恋偏见之间存在显著的正相关($r = 0.379$)。同时,方差分析的结果亦表明,使用四分模型分离出的自动激活同性恋偏见对自我报告法测量的同性恋偏见之间也存在显著相关($F = 3.98$)。该结果与以往的对于同性恋态度的研究结果相类似。Banse 等人(2001)的研究中,异性恋被试的同性恋偏见 IAT 与外显情感性态度之间存在 0.35 的显著相关,与外显情感性态度之间存在 0.32 的显著相关。该结果支持了 Fazio 等人(1995)和 Gawronski 等人(2006)的观点,他们认为所谓的内隐态度和外显态度,并非两种独立的认知结构,而只是态度的提取和加工过程的区别;内隐态度是更加"真实"的态度,而外显态度则是在经过各方面权衡,进行更多的命题加工之后所表现出来的态度形式。

此外,本研究中使用方差分析探讨了自动激活偏见和无偏见动机对外显偏见的作用,结果发现自动激活偏见和无偏见动机之间存在交互作用。当被试拥有高的无偏见动机时,自动激活偏见和外显偏见之间没有相关,而当被试的无偏见动机较低时,自动激活偏见和外显偏见之间存在显著的正相关,自动激活偏见越高,被试的外显偏见也越高。该结果与以往的利用间接测量方法测量内隐偏见所得到的结果相一致(Fazio, Jackson, Dunton, & Williams, 1995; Banse, Seise, & Zerbes, 2001; Hofmann, 2005; Nosek, Gschwendner, & Schmitt, 2005; Payne, Cheng, Govorun, & Stewart, 2005; Gabriel, Banse, & Hug, 2007)。本研究采用更为纯粹的自动激活偏见作为因变量,更为精确地验证了 Fazio 等人所提出的 MODE 模型(Fazio, 1990; Fazio & Towles-Schwen, 1999; Olson & Fazio, 2009)。个体没有自动激活偏见时,不论无偏见动机高低,个体均表现出较低的外显偏见水平;当个体拥有自动激活偏见,而且其无偏见动机水平高时,个体在表现外显偏见时会受到无偏见动机的作用,从而表现出较低的外显偏见水平;当个体拥有自动激活偏见,而且其无偏见水平低时,个体在表现外显偏见时仍然会受到自动激活偏见影响,而表现出较高的外显偏见。

6.5 结 论

（1）无偏见动机影响个体的自动激活偏见，高动机组较低动机组，有较低的异性恋积极评价自动激活水平和较低的同性恋消极评价自动激活水平，且高动机组的同性恋消极评价自动激活水平为0。

（2）外显偏见与间接测量偏见之间存在显著的正相关；外显偏见与自动激活偏见之间存在显著的正相关。

（3）自动激活偏见与无偏见动机对外显偏见有交互作用；当无偏见动机高时，自动激活偏见与外显偏见之间相关不显著，当无偏见动机低时，自动激活偏见与外显偏见之间存在正相关。

7 研究4 无偏见动机在权威人格影响偏见中的中介作用

7.1 引 言

理论上看,无偏见动机是外显偏见的最为直接的影响因素之一,因此它应该能够在某些偏见影响因素和偏见关系中起到中介作用。例如,Ratcliff等人(2006)的研究中发现,IMS在性别对偏见的影响中具有中介作用,其中IMS在性别对男同性恋偏见的影响中起部分中介作用,而在性别对女同性恋偏见的影响中起完全中介作用。性别不仅仅是一个生理变量,也是一个心理变量,并且是一个发展较早的心理变量;而无偏见动机及其内化则应该是在社会化发展后期阶段产生平等思想后的结果。因此,从逻辑上讲,性别和无偏见动机之间是具有时间先后顺序的。

权威人格是心理学家探索偏见的人格因素的发现,最早由Adorno等人对其进行了最为系统、最有影响的研究(李琼,郭永玉,2007)。权威人格包含三个因素,即传统主义(conventionalism)、权威主义攻击(authoritarian aggression)和权威主义服从(authoritarian submission)。传统主义是指刻板地遵循传统,权威主义攻击则指对违反传统的人的惩罚、谴责和攻击,权威主义服从则是指屈从于当局或领导者以及传统(Zakrisson, 2006;李琼,郭永玉,2007)。对于权威主义的测量,Adorno等人编制了F量表,后来出现了右翼权威人格量表(Right-Wing Authoritarianism Scale, RWA)。从对权威主义的概念分析和测量项目中可以发现,它更多地是指向群体内部的,更多体现的是一种对传统的服从和维护,例如传统主义的项目有"The withdrawal from tradition will turn out to be a fatal fault one day", 权威主义攻击的项目有 "It is important to protect the rights of radicals and deviants in all ways(反向计分)", 权威主义服从的项目有 "Obedience and respect for authority are the most important values children should learn" (Funke, 2005)。因此, 权威人格对不同群体偏见的预测力也是有区别的, 对于与内群体传统价值有冲突的外群体, 或违反内群体价值观的害群之马, 权威人格应该可以更为有效地预测对他们的偏见。已有的研究结果在一定程度上支持了这一点: Adorno 等人的研究发现, 反犹主义者反对犹太人的原因是他们认为犹太人持有反传统的价值观(李琼, 郭永玉, 2007); Whitley (1999)的研究发现, 白种人的权威人格能够有效地预测他们对同性恋的偏见, 但是却与种族偏见没有相关。

权威人格不是西方社会的特有人格特征, 中国文化同样具有培养权威人格的土壤, 甚至更加肥沃(马庆钰, 1998; 刘光宁, 2003)。杨国枢(2004)在对中国人传统性的研究中发现了与西方提出的权威主义人格相一致的"遵从权威"心理。因此, 中国具有探讨权威人格与偏见关系的条件。同性恋在中国社会文化中同样是一种反社会传统价值的行为, 因此权威人格应该对其有一定的预测力。因此, 本研究**假设 1 认为, 中国文化下, 权威人格与同性恋偏见之间存在正相关**。此外, 以往研究认为, 权威人格的产生与童年期的家庭经历有关(李琼, 郭永玉, 2007), 而对于同性恋无偏见动机则应该更多地基于社会教育, 因此与性别相类似, 权威人格应该是影响控制同性恋偏见动机的因素之一。因此, 本研究**假设 2 认为, 对同性恋群体的无偏见动机在权威人格对同性恋偏见的影响中具有中介作用**。

7.2 研究设计

7.2.1 被试

该研究中的被试与研究 1 中的测量同性恋无偏见动机的被试相同, 即选取某师范大学公共心理学课堂的大学生和自考生、某民族大学大学生以及某综合大学大学生作为被试, 采用团体施测, 共获得被试 483 人, 根据同性恋测查项目,删除有同性恋倾向的被试 12 人,共获得有效被试 471 人。被试的平均年龄为 20.16(标准差为 1.07)岁;其中男生 164 人,女生 305 人,另有 2 人没有性别信息;大一 2 人,大二 403 人,大三 35 人,大四 27 人,另有 4 人没有年级信息;理科 161 人,文科 210 人,工科 28 人,艺体专业 60 人,另有 12 人没有专业信息。

7.2.2 变量测量

(1)权威人格

本研究采用杨国枢(2004)所编制的《多元个人传统性量表》中"遵从权威"这一维度的项目来测量中国人的权威人格。该维度包含 15 个项目,内容上基本与西方的权威主义人格所界定的内容相符合,例如"政府首长等于大家长,一切事情都应听从他的决定","电视或电影与国情不合者,应一律予以剪除","服从权威与尊敬长上,是儿童所应学习的美德","孤男寡女不可共处一室,以免引起他人误会"(见附录 7)。研究者对该量表进行了预测,有效被试为 132 名大学生,其中男生 34 人,女生 97 人,1 人无性别信息,结果表明该量表的内部一致性系数为 0.72,达到了团体施测的测量学要求。

(2)对同性恋的无偏见动机

采用研究 1 中编制的《无偏见动机量表》测量对同性恋的无偏见动机。

(3)同性恋偏见

采用《大学生对同性恋态度问卷》(郑小蓓,张秋媚,陈岳标,詹海都,2007)测量大学生对同性恋群体的偏见,具体情况见研究 1 中的说明。

7.2.3 统计方法

描述性统计分析、t 检验、方差分析、皮尔逊积差相关、回归分析。

7.3 结 果

7.3.1 权威人格现状分析

在该样本中权威人格的平均得分为 42.38,该量表共包括 15 个项目,并且使用里克特6点计分,因此量表总分的中值为52.5。将样本平均分与中值进行差异比较表明,样本的权威人格得分显著低于中值。

此外,进行独立样本 t 检验表明,权威人格得分在性别上差异不显著($M_男 = 43.31, M_女 = 41.91, F(1, 467) = 2.82, p = 0.094$)。由于工科学生太少,将理科学生和工科学生合并成为理工科,方差分析结果表明,权威人格得分在专业上差异显著($F(2, 456) = 9.01, p < 0.001$),事后多重比较表明艺体生的得分最高($M = 45.94$),其次是理工科学生($M = 42.90$),文科生得分最低($M = 40.86$),两两之间差异显著。

7.3.2 无偏见动机在性别和同性恋偏见间的中介作用

Ratcliff等人(2006)的研究中发现,内部的无偏见反应动机在性别对偏见的影响中具有中介作用,女性较男性有较高的无偏见反应内部动机,该动机又使得女性有更少的对同性恋的偏见,本研究首先对该研究结果进行验证。研究1中无偏见反应动机和偏见现状分析中发现,女生较男生在自主调节($M_女 = 21.75, M_男 = 20.29$)、投射调节($M_女 = 15.33, M_男 = 14.07$)、内化度($M_女 = 28.50, M_男 = 21.66$)得分上均高,女生较男生在外部调节($M_女 = 15.16, M_男 = 16.50$)和偏见($M_女 = 49.98, M_男 = 57.31$)上得分较低;此外,自主调节、投射调节、外部调节和内化度均与同性恋偏见有显著的相关关系(见表4-9)。基于该结果,本研究对无偏见反应动机在性别影响同性恋偏见中的中介作用进行验证,并且将分别探讨内化度、自主调节、投射调节和外部调节各自的中介作用(如图7-1所示)。由于性别为类别变量,因此需要对其进行虚拟变量的转化,本研究中将男性作为参照类,赋值为0,将女性赋值为1。

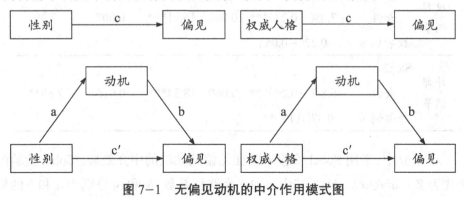

图7-1 无偏见动机的中介作用模式图

根据 Baron 和 Kenny(1986)的建议,中介作用需要符合三个条件:①自变量与因变量之间相关显著;②自变量与中介变量之间相关显著;③当纳入中介变量后,自变量与因变量之间的相关显著降低,如果自变量与因变量的相关显著降低但仍存在,则中介变量起部分中介作用,如果自变量与因变量的相关降低为 0,则中介变量起完全中介作用(杨宏飞,姜美义,2008)。基于此,本研究采用层级回归(Hierarchical Regression)分别对无偏见动机各指标的中介作用进行检验,层级回归结果如表 7-1 所示。由表 7-1 可见,无偏见动机的内化度、自主调节和外部调节的纳入,都使得回归方程的解释力有显著的增强,而投射调节的纳入对方程的解释力没有影响,因此,无偏见动机的内化度、自主调节和外部调节可能存在中介作用,接下来进行更进一步的检验。

表 7-1　同性恋偏见对性别和无偏见动机的层级回归分析结果

中介变量		$B(\beta)$	R^2_{Adj}	F	R^2 Change	F Change
内化度	Step1					
	女性	−7.33(−0.24)***	0.055	28.39***		
	Step2					
	女性	−2.74(−0.09)*	0.346	124.85**	0.292	208.68***
	内化度	−0.67(−0.56)***				
自主调节	Step2					
	女性	−4.61(−0.15)*	0.352	128.37**	0.298	215.32***
	自主调节	−1.87(−0.55)***				
投射调节	Step2					
	女性	−7.05(−0.23)***	0.060	15.91***	0.007	3.29
	投射调节	−0.22(−0.08)				
外部调节	Step2					
	女性	−6.84(−0.22)***	0.069	18.34***	0.016	7.88**
	外部调节	0.37(0.13)**				

本研究中,采用 Sobel 检验来验证无偏见动机的中介效应。Sobel 检验的公式为 $Z = ab/\sqrt{a^2 S_b^2 + b^2 S_a^2}$,其中 a 和 b 为路径系数,S_a 和 S_b 分别为 a 和 b 的标

准误(温忠麟，张雷，侯杰泰，刘红云，2004)。为了获得 a 的路径系数，再分别以内化度、自主调节和外部调节为因变量，以性别为自变量做回归分析。中介作用检验的结果如表7-2所示。

表7-2　无偏见动机在性别和同性恋偏见间的中介作用检验

中介模型	$a(S_a)$	$b(S_b)$	c'	Sobel
性别—内化度—偏见	6.85(1.14)***	−0.67(0.046)***	−2.74*	−5.55***
性别—自主调节—偏见	1.46(0.41)***	−1.87(0.13)***	−4.61***	−3.44***
性别—外部调节—偏见	−1.33(0.49)**	0.37(0.13)**	−6.84***	−1.96*

由表7-2可见，三种中介作用模式均成立，性别能通过内化度、自主调节和外部调节的中介作用与同性恋偏见产生间接影响。其中，在性别—内化度—同性恋偏见中介作用模式中，中介效应为−4.59($a \times b$)，总效应为−7.33($a \times b + c'$)，中介效应和总效应的比值为0.63；在性别—自主调节—同性恋偏见中介作用模式中，中介效应为−2.73，总效应为−7.33，中介效应和总效应的比值为0.37；在性别—外部调节—同性恋偏见中介作用模式中，中介效应为−0.49，总效应为−7.33，中介效应和总效应的比值为0.07。从以上中介效应与总效应的大小分析可知，内化度对性别和同性恋偏见间关系的中介效应较大；由于控制中介变量后，性别对同性恋偏见仍具有显著的预测力，即 c' 均达到了显著水平，因此无偏见动机内化度、自主调节和外部调节均起到了部分中介作用。

7.3.3　无偏见动机在权威人格和同性恋偏见关系中的中介作用

无偏见动机各指标、权威人格和同性恋偏见之间的关系如表7-3所示。由表7-3可见，除了无偏见动机的自主调节与权威人格之间相关不显著之外，其他变量之间均有显著的相关关系。根据Baron和Kenny(1986)的中介效应标准，自变量与中介变量之间相关要显著，因此本研究中构建的中介模型包括：权威人格—内化度—偏见模式、权威人格—投射调节—偏见模式、权威人格—外部调节—偏见模式。无偏见动机在权威人格和同性恋偏见间的中介作用如图7-1所示。

表7-3　变量间相关矩阵表

	1	2	3	4	5
1 自主调节					
2 投射调节	0.267***				
3 外部调节	0.129**	0.544***			
4 内化度	0.721**	0.185***	−0.492***		
5 权威人格	−0.057	0.099*	0.278***	−0.226***	
6 同性恋偏见	−0.574***	−0.109*	0.152***	−0.582***	0.307***

以同性恋偏见为因变量,权威人格和内化度为自变量进行层级回归。在层级回归的第一层中首先纳入权威人格,在层级回归的第二层中再分别纳入无偏见动机的内化度、投射调节和外部调节。层级回归的结果如表7-4所示。

表7-4　同性恋偏见对权威人格和无偏见动机的层级回归分析结果

中介变量		$B(\beta)$	R^2_{Adj}	F	R^2 Change	F Change
内化度	Step1					
	权威人格	0.523(0.307)***	0.093	48.97***		
	Step2					
	权威人格	0.315(0.185)*	0.368	138.01***	0.276	205.68***
	内化度	−0.645(−0.540)***				
投射调节	Step2					
	权威人格	0.547(0.321)***	0.110	30.17***	0.020	10.39**
	投射调节	−0.378(−0.141)**				
外部调节	Step2					
	权威人格	0.489(0.287)***	0.096	25.819***	0.005	2.52
	外部调节	0.210(0.072)				

由表7-4可见,当内化度纳入到回归方程中后,方程的解释力明显增大,权威人格对同性恋偏见的预测力降低,其回归系数显著,因此,内化度可能具有中介作用;当投射调节纳入回归方程后,方程的解释力改善,其回归系数显

著,但是权威人格对同性恋偏见的预测力不降反升,这与中介作用的原理不符,因此投射调节没有中介作用;当外部调节纳入回归方程中后,方程的解释力改变不明显,并且其回归系数不显著,因此其也不具有中介作用。在进一步分析中,将只对权威人格—内化度—偏见中介模式进行 Sobel 检验,中介作用检验的结果如表 7—5 所示。

表 7—5　无偏见动机在权威人格和同性恋偏见间的中介作用检验

中介模型	$a(S_a)$	$b(S_b)$	c'	Sobel
权威人格—内化度—偏见	$-0.322(0.064)^{***}$	$-0.645(0.045)^{***}$	0.315^{***}	4.75^{***}

由表 7—5 可知,Sobel 检验结果表明,无偏见动机内化度在权威人格和同性恋偏见间的中介作用显著,其中介作用大小为 $0.21(a \times b)$,总效应为 0.52($a \times b + c'$),中介效应和总效应的比值为 0.403。由于在将无偏见动机内化度纳入回归方程后,同性恋偏见对权威人格的回归系数 c' 仍显著,因此无偏见动机内化度在权威人格和同性恋偏见关系中起部分中介作用。

7.4　讨　论

在研究 1 的数据分析中发现,对同性恋的偏见存在着性别差异,女性较男性有着更低的偏见水平,并且在研究 1 的讨论中提出,除了性别观之外,无偏见动机是造成这种差异的原因之一。本研究中对该假设进行了进一步的验证。本研究中介效应分析表明,无偏见动机的自主调节、外部调节和综合的内化度在性别和同性恋偏见间存在部分中介效应,并且外部动机的中介效应与自主调节和内化度的中介作用是相反的。该结果与 Ratcliff 等人(2006)的研究结果相类似,只是在他们的研究中,外部动机在性别和同性恋偏见中没有中介作用,此外他们的研究中将对男同性恋的态度和女同性恋偏见单独作为因变量考察,并且发现内部动机在性别和男同性恋偏见中起完全中介作用,而在性别和女同性恋偏见中起部分中介作用。对于两个研究中中介作用的差异,可能是由于两个研究的因变量不同所造成的,本研究中采用的是未分男女性别的同性恋偏见,而 Ratcliff 等人则分别采用男同性恋偏见和女同性恋偏见。此外,对于外部动机的中介作用在两个研究中的不同,可能是文化特点所造成的。杨国枢(2004)认为,中国人主要表现出"社会取向"的心理与行为,并将社会取向具体化为四个方面,即家族取向、关系取向、权威取向和他人取向。正是由于社会取向这种心理和行为特征,中国人更加注重集体的利益和团体的团结,注重人际关系的和谐和互助,注重他人的对自己的评价和意见(佐斌,1997)。可以说,中国人的社会取向特点为偏见的控制提供了更多的外部动机资源。因此,在中国文化下,外部动机在无偏见反应中起到了更为重要的作用。

研究者在研究 1 中发现,农民工偏见和同性恋偏见的影响因素是不同的,这表明对于偏见行为,尽管可能存在着一定的跨群体的稳定性的因素对其产生影响,Ekehammar 和 Akrami(2003,2007)发现五因素人格模型中的经验开放性(Openness to Experience)和随和性(Agreeableness)对一般性的偏见有着最强的预测力;但是同时对于不同群体的偏见,还存在着独自的影响因素和机制,Duckitt 和 Sibley(2007)的研究发现,对于非裔人、肥胖者和移民等受到社会贬损的群体的偏见更多地受到社会支配倾向的影响,对于恐怖份子、暴力犯和吸毒人员等危害社会安全的群体的偏见更多地受到权威主义人格的影响;而对于女权主义者、无神论等与社会主流价值观相违背的群体的偏见同时受到权威主义和社会支配倾向,但是权威主义对其的影响更大。Duckitt(2006)认为,高权威主义人格的人所不喜欢的是那些会威胁社会和群体安全的群体,而高社会支配倾向的人所不喜欢的则是那些社会下层群体。

Duckitt 和 Sibley(2007)的研究发现,同性恋偏见受到权威主义人格的影响,而不受社会支配倾向的影响,该结果与 Whitley(1999)的研究发现相一致。基于此,本研究选取权威主义作为同性恋偏见的预测因素,并且进一步探讨无偏见动机在权威主义人格和同性恋偏见中的中介作用。本研究对中介作用的分析结果表明,无偏见动机内化度在权威人格与同性恋偏见之间存在部分中介作用,而无偏见动机的三个维度单独地在权威人格和同性恋偏见的关系间并无中介作用。Altemeyer 认为权威主义人格高的人之所以容易抱有对外群体的偏见是因为他们的两种性格特征:一是他们通常会根据内群体和外群体来组织他们的世界观,二是他们认为外群体会威胁到他们的传统价值观

（Whitley，1999）。与此相反，低权威人格的人会较为模糊内群体和外群体的区别，更为重要的是他们能够更容易去试图了解其他的价值观。因此，低权威主义人格的异性恋者更容易形成内化的对同性恋的无偏见动机，从而表现出低的同性恋偏见。此外，低权威人格的异性恋者甚至能够完全接纳同性恋的性取向，进而从根本上消除对同性恋群体的偏见，从而无需无偏见动机的作用便可表现出无偏见反应。

本研究在对中介效应检验中发现，内化度、自主调节和外部调节在性别和同性恋偏见间都具有中介作用，但是内化度的中介作用最大，而在权威主义人格和同性恋偏见间只有内化度起到了中介作用。该结果进一步说明，内化度作为无偏见动机综合指标的有效性。

7.5 结 论

（1）无偏见动机的内化度、自主调节和外部调节在性别和同性恋偏见间起到部分中介作用。

（2）无偏见动机的内化度在权威主义人格和同性恋偏见间起到部分中介作用。

8 总体讨论

8.1 无偏见动机的心理结构

在本研究中,研究者从内隐和外显两个层面对无偏见动机的结构进行了探讨。

Dunton 和 Fazio(1997)以及 Plant 和 Devine(1998)最早开始探讨无偏见动机的外显的结构。Dunton 和 Fazio(1997)的研究发现,无偏见动机包含"关注偏见行为"和"克制以避免冲突"两个维度,该发现与他们之前所提出的内部动机、外部动机和抑制偏见的三维度结构不相符,并且内部动机和外部动机的项目包含于一个维度之中;在之后利用其量表(《控制偏见反应动机量表》)的研究中,研究者们通常将两个维度得分进行加和(如,Fazio, Jackson, Dunton, & Williams, 1995;Banse & Gawronski, 2003;Maddux, Barden, Brewer, & Petty, 2005),因此,该量表更倾向于是一个单维的强度量表(Legault, Green-Demers, Grant, & Chung, 2007)。Plant 和 Devine(1998)以及 Klonis 等人(2005)根据传统的内部—外部动机的划分方式,对无偏见动机进行建构,提出了无偏见反应内部动机和外部动机的两维度结构,但是该结构中并未包含情感性因素,研究者认为情感性因素是无偏见行为的结果而非原因。Legault 等人(2007)认为,无偏见动机的心理结构应该不仅仅是内部—外部动机这样简单的区分,他们根据自我决定理论对动机类型的划分标准,提出了无偏见动机的六维度模型,包含外部调节、投射调节、认同调节、整合调节、内部动机和无动机。

在研究 1 中,研究者同样基于自我决定理论来建构无偏见动机的外显的心理结构,但是与 Legault 等人(2007)所不同的是,研究者一方面以自我决定理论为理论指导,另一方面通过开放式问卷收集动机条目,来对自我决定理论所建构的五种动机类型进行重新修正和选择;因为在以往的很多研究中,动机的类型并不一定完全包含这五种类型(如,Ryan & Connell, 1989; Williams, Grow, Freedman, Ryan, & Deci, 1996; Black & Deci, 2000)。本研究中通过对开放式问卷所收集到的条目进行分析,发现无偏见动机可以包含三个维度,即自主调节、投射调节和外部调节。基于自我决定理论,这三个动机维度的自主性和内化程度由低到高依次排列为外部调节、投射调节和自主调节。该模型也与 Devine 等人(2002)的假设相一致。他们认为,高 IMS/低 EMS 的个体有着最高的自我决定动机来调节他们的偏见行为,相当于自我决定理论中的认同调节类型;高 IMS/高 EMS 的个体的自我决定动机较弱,相当于自我决定理论中的投射调节类型;而低 IMS/高 EMS 的个体的自我决定动机最弱,他们表现无偏见行为完全由于外部规范的作用,因此他们相当于自我决定理论中的外部动机。

该结构与 Plant 和 Devine(1998)的内部—外部动机相比,纳入了情感性维度,即投射调节。因为在开放式问卷中研究者发现了不表现出偏见行为的情感性原因:如果表现出偏见行为,个体会感受到愧疚、难过等情感体验,因此才不表现偏见。Devine、Monteith 等人的研究发现(例如,Devine, Monteith, Zuwerink, & Elliot, 1991; Monteith, Devine, & Zuwerink, 1993; Zuwerink, Monteith, Devine, & Cook, 1996; Monteith & Voils, 1998),许多低偏见个体有时会表现出比他们预想到的更强的偏见行为,当他们违反自己的无偏见价值观时,他们会感到内疚,这种感受让他们认识到自己需要纠正自己的行为,因此能够促进偏见行为的减少。与 Legault 等人(2007)的六维度模型相比,本研究结果有如下差别:首先,开放式问卷分析中未发现个体表现无偏见行为是由于会产生积极情感这一原因,因此本研究的结果中未将内在动机作为无偏见动机的一个维度;其次,本研究将 Legault 等人(2007)所提出的整合动机和认同动机进行了合并,由于这两个维度之间有很多的重叠,不容易使用项目进行区分,并且研究者认为使用项目编制技巧强制区分的意义不大;第三,本研究所提出的无偏见动机结构中不包含无动机这一维度:研究者认为,无动机并非动机的一种状态,并且无动机状态可以使用其他维度均为低得分来表示。

研究者根据开放式问卷所提出的三维度结构编制了无偏见动机量表来对无偏见动机进行测量，同时对该结构进行验证。验证性因素分析表明，与内部—外部两维度结构和自主—受控两维度结构相比，外部调节—投射调节—自主调节的三维度结构能够对测量数据进行最佳拟合，并且三个维度之间的相关关系也呈现出逐次递进的关系，因此研究者认为外部调节—投射调节—自主调节的三维度结构是最为合理的无偏见动机结构模型。

　　研究者还根据自我决定理论研究中相对自主指数的计算方式，提出了两种衡量无偏见动机的综合指标，一种是基于自我决定理论的自主度指标，计算公式为：2×自主调节−投射调节−2×外部调节；另一种是基于内部外部动机理论的内化度指标，计算公式为：2×自主调节＋投射调节−2×外部调节。经过研究 1 中的效标效度的分析表明，内化度指标能够更好地预测自我报告的偏见水平；在研究 3 中，内化度可以有效地预测 IAT 测量的同性恋偏见，并且内化度可以调节自动偏见与外显偏见之间的关系；在研究 4 中，无论是在性别与同性恋偏见之间，还是在权威主义人格与同性恋偏见之间，内化度都有着最大的中介效应。综上可见，内化度可以作为无偏见动机有效的综合指标。内化度指标中，将投射调节与自主调节划归一类，这种计算方式及其有效性也与 Monteith 的研究结果相佐证。Monteith（1993）的研究发现，低偏见被试（使用自我报告法测量偏见并分类）如果表现出偏见行为，他们会产生愧疚感，对所产生矛盾行为进行自我反思，在接下来的行为表现中会放慢反应速度以更好地控制偏见反应。这表明，在偏见行为的控制上，投射调节与自主调节的联系更为紧密。

　　Glaser 和 Knowles（2008）认为无偏见动机不仅仅只是在外显层面，在无意识层面也存在无偏见动机，并且提出了无偏见内隐动机（implicit motivation to control prejudice, IMCP）这一概念，他们认为 IMCP 有别于问卷法所测量的无偏见动机，它是在意识控制之外发生的能够抑制自动偏见表现的动机。但是传统意义上的内隐动机源自于个体早期的非言语情感经历，而对偏见的控制则更多地源自于儿童后天通过语言交流所传授的价值观和目标，因此这更倾向于是外显动机的一类。此外，已有的研究表明，内部动机和无偏见内隐动机有着相同的作用，即它们都能在认知耗竭的情况下对偏见行为进行有效地抑制（Park & Glaser, 2008; Legault, Green-Demers, & Eadie, 2009）。因此，研究者认为

Glaser 和 Knowles（2008）提出的无偏见内隐动机只是无偏见自主动机的自动化结果，而非传统意义上的内隐动机。该假设也与 Legault 等人（2009）提出的内化—自动化假设（internalization-automatization hypothesis）相一致（图图8-1）。

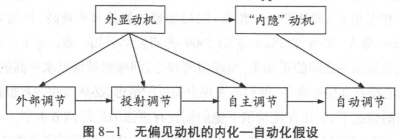

图 8-1　无偏见动机的内化—自动化假设

根据该假设，自动调节动机应该与外显动机的内化度存在相关。在研究2中，研究者发现利用 IAT 所测量的内隐无偏见动机与自我报告法测量的外显动机之间没有相关。考虑到 IAT 所测量的结果并非纯粹的自动加工结果，因此研究者利用四分模型对 IAT 加工进行了分解。研究者通过模型拟合度比较发现，高低无偏见动机内化度被试在偏见—消极联结上的强度有一定的差异，高无偏见动机内化度被试的偏见—消极联结强度要高于低无偏见动机内化度被试。基于此结果，研究者认为无偏见动机是具有自动激活性的，但是并不一定具有传统意义上内隐动机所包含的无意识性。

根据以上的研究结果，研究者认为，无偏见动机可以包含 4 种心理结构，首先是由于社会规范或他人的压力所导致的**外部调节**，其次是为了避免由于偏见行为所导致的消极情感而产生的**投射调节**，再次是从自己的自我概念、世界观和价值观中所产生的**自主调节**，最后是从自主调节中分化出的，能够自动激活以矫正偏见行为的**自动调节**。

8.2　无偏见动机的作用

在本研究的研究 1 中，研究者得出了以往研究所反复验证的结论，即无偏见动机可以有效预测使用自我报告法所测量的偏见。此外，研究 3 结果发现，无偏见动机的自主调节、外部调节和内化度能够有效预测由内隐联结测验所测量的同性恋偏见。自主调节和内化度与 IAT 测量的偏见之间存在负相关,即自主调节和内化度越高,个体的间接测量偏见越小;该结果与 Hofmann 等人(2005)、Devine 等人(2002)、Hausmann 等人(2004)、Amodio 等人(2003)和 Leagult 等人(2007)的研究结果相一致。外部调节则与 IAT 测量的偏见之间存在正相关,即外部调节越强,间接测量的偏见水平越高,该结果也与 Hausmann 等人(2004)和 Plant 等人(2009)的研究结果相一致。对于外部调节与间接测量偏见之间的正相关,可能的解释是,间接测量偏见水平高的被试,他们内心持有高偏见水平,他们不表现出偏见的情形,必然是在拥有很强的外部压力的情况下,所以在此情境下他们便拥有更强的外部调节水平。

由于间接测量任务是在自动加工和控制加工共同作用下完成的(Fazio & Olson, 2003),因此间接测量任务并不能完全测量出个体的自动偏见的水平,亦即间接测量任务不能完全测量出个体是否持有偏见态度。间接测量任务得分低的被试,有可能是自动偏见较弱,也有可能是自动偏见较高,但是通过控制加工对该激活进行了抑制(李琼,刘力,2010)。为了能够更好地探讨无偏见动机对自动激活态度的影响到底如何,研究者在研究 3 中利用 Coney 等人(2005)所提出的四分模型对完成同性恋偏见 IAT 的加工过程进行了加工分离,区分出 5 种加工程序,即异性恋—积极联结、同性恋—消极联结、猜测、克服偏差和觉察,其中前三者为自动加工过程,后两者为控制加工过程。

在研究 3 中研究者发现,无偏见动机能够调节自动激活偏见与外显偏见之间的关系。对于自动激活偏见水平高的被试而言,无偏见动机水平高的个体较无偏见动机水平低的个体能够更为有效地抑制自动激活偏见在外显偏见中的应用,从而在自我报告法测量中表现得更加没有偏见。该结果为 MODE 模型提供了更加直接和确切的验证。此外,对于自动偏见水平低的被试而言,无论他们的无偏见动机水平高低与否,他们的外显偏见均较低。该结果与 Devine(1989)所提出的刻板印象偏见双重加工模型不太一致。Devine(1989)认为,人们头脑中存在着关于某一群体的刻板印象和个人信念(personal beliefs)两种认知结构,它们之间可能有相同内容,也可能存在对于该群体不同的评价和行为倾向;人们在早期的社会化中便已经从共享的社会文化中习得了关于某一群体的刻板印象,并且由于在生活中该刻板印象被频繁激活,因此刻板印象是良好习得的认知联结,它可以被该群体成员所自动激活,而个人信念的形成则远远落后于刻板印象,因此个人信念的激活需要意识性加工。因此,个体若要表现出无偏见反应,便需要有意地去激活个人信念并抑制被激活的刻板印象。然而,研究3的结果却进一步印证了Fazio等人(1995)的观点,自动激活偏见对偏见行为有着更为直接的作用,并且没有表现偏见行为并不仅仅是由于控制性抑制的结果,有部分被试确实是没有偏见的。

研究者最初根据各加工过程的性质,假设克服偏差是与无偏见动机概念上联系最为密切的,因此克服偏见应该与无偏见动机之间存在正相关。但是,研究3的结果却发现克服偏见与无偏见动机内化度之间没有相关,而异性恋—积极联结和同性恋—消极联结则与无偏见动机内化度有着负相关,无偏见动机高的个体,他们的异性恋—积极联结和同性恋—消极联结强度更低,并且从整体来看,高无偏见动机个体的同性恋—消极联结为0。由该结果可见,无偏见动机不仅能够有效地调控对自动激活偏见的应用,还能够有效地抑制自动偏见的激活。

但是研究者在此提出,对于该结果,尤其是高无偏见动机组同性恋—消极联结为0这一结果,必须谨慎对待。由于IAT主要反映的是对象类别标签与属性类别标签之间的联系(De Houwer, 2001; Mitchell, Nosek, & Banaji, 2003; 张陆, 佐斌, 叶娜, 2009),而研究3中所采用的IAT中将"好"和"坏"作为属性词,该IAT以及根据四分模型所分离出的自动激活成分主要反映的是认知评价性的联结强度。而态度包含认知、情感和行为三种成分,本研究中只是发现高无偏见动机组在整体上而言偏见的认知评价自动激活很低,且接近于0,并且部分证明了无偏见动机与偏见的认知评价成分的自动激活之间存在关系,但是该研究并未完全揭示无偏见动机与态度情感维度上的自动激活存在怎样的关系,这也是研究者今后的一个研究方向所在。

在研究4中,研究者还对无偏见动机的中介作用进行了分析,并且发现无论在性别和同性恋偏见之间,还是在权威主义人格和同性恋偏见之间,无偏见动机均起到了部分中介作用。以往的研究发现,在性别之间存在着同性恋偏见差异,女性较男性对同性恋有着更为积极的态度;此外,权威主义人格也被研究者认为是偏见行为稳定的人格因素。本研究的结果对这些因素影响偏见的潜在加工机制提供了说明。权威主义人格高的个体或者男性,他们更不容易形成无偏见动机,因此他们会比权威主义人格低的个体或者女性更少地对已经形成的评价态度进行校正,因此,他们会更多地表现偏见行为。

8.3 刻板印象和偏见的发展模型

Devine(1989)曾提出了富有影响力的刻板印象偏见双重加工模型,该模型在前文中已经描述,在此不再赘述。本研究结果与该模型不太一致。根据本研究结果,研究者对Devine的关于刻板印象和偏见双重加工模型进行了修正和发展,提出了刻板印象和偏见的发展模型的初步构想(如图8-2所示)。

首先,由于社会文化的作用,人们在社会化中形成了相似的对于某群体的社会刻板印象(此处的"社会刻板印象"相当是于Moscovici所提出的"社会表征"个体内化;"社会表征是在特定时空背景下的社会成员所共享的观念、意象、社会知识和社会共识,是一种具有社会意义的符号或系统。"[①]),与此同时,个体也形成与社会刻板印象相符的对于该群体的偏见评价,从而会表现出相似的偏见行为(如图8-2中a所示)。

在进一步的社会化过程中,人们逐步发展出自己的个人信念,需要指出的是,个人信念是一个比动机更为宽泛的概念,它包含动机(如无偏见动机),同时也包含其他认知结构在内(如个体对该群体的直接认识);在这个过程中,外显层面上的偏见与无偏见人群开始分化,有些个体所发展出的个人信念与之前所形成的社会刻板印象和偏见评价不相一致,因此他们在行为表现中便会纠正自己的偏见行为,而有些个体所发展出的个人信念与社会刻板印象和偏见评价一致,因此他们会在行为中表现出偏见行为。在无偏见个人信念形成之初,人们的评价结构仍然是与社会刻板印象相对应的评价结构相一致的,也就是说他们的自动激活评价还是消极的,他们只能在控制加工层面来抑制偏见行为,刻板印象结构亦然(如图8-2中b)。该过程与Devine(1989)的模型相一致。

在个人信念持续发展之后,个体对该群体的评价结构发生了改变,个人信念中的刻板印象和评价结构取代了社会刻板印象以及与之相对应的评价结构,因此这些个体可以在自动加工中表现出无偏见行为和无偏差的刻板印象;社会

---

① 管健,乐国安.(2007).社会表征理论及其发展.南京师范大学学报(社会科学版),(1):93.

刻板印象和偏见评价则作为社会知识仍然保留在人们的认知结构中,但是其活动性则大大降低(如图8-2中c所示)。本研究3发现,高无偏见动机内化度被试的自动激活偏见较低无偏见动机内化度更低,并且总体上得分与0没有显著差异。

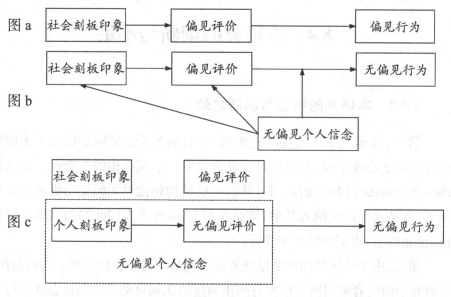

图8-2　刻板印象和偏见的发展模型

需要说明的是,该模型中社会刻板印象和偏见评价的形成时间并不一定局限在儿童时期,它所形成的时间应该是在个体未形成平等主义价值观之前。无偏见个人信念既包括某一种社会刻板印象和偏见不一致的观点,也包括具有普遍意义的平等主义思想。若个体已经形成成熟的平等主义个人信念,那么该个体便不易再形成对新群体的刻板印象和偏见;若个体并未形成成熟的平等主义个人信念,那么该个体较容易形成对新群体的刻板印象和偏见。

利用该模型可以对研究 4 中发现的无偏见动机在性别和权威主义人格对同性恋偏见影响中的中介作用进行解释。性别和权威主义人格的形成都是发生在社会化的早期阶段,而同性恋偏见的形成时间应该是与个体形成性别角色认同同步的,甚至是早于性别角色认同,性别角色认同的形成时间是在青少年期,而青少年并未能形成成熟的价值观,因此他们还是会普遍形成对同性恋的偏见评价(林崇德,2002;贝斯黑莱姆,1989)。女性或权威主义人格水平较低的个体,会在后来的发展中发展出较高的平等主义信念和无偏见动机,无偏见动机会进一步控制他们对同性恋偏见的表现,从而表现出较低水平的偏见行为；男性由于其所处的社会支配地位，权威主义人格者对传统的拥护，这都限制了他们无偏见动机的形成，因此他们会表现出更多的同性恋偏见。

8.4　本研究的创新与不足

8.4.1　本研究的特色与创新之处

第一，本研究基于自我决定理论，并且通过开放式问卷构建了无偏见动机的三维度心理结构，并且通过实证数据验证了该结构的合理性。该结构与Plant和Devine（1998）的内部—外部动机结构相比对无偏见动机的划分更为细致，将情感性动机纳入其中；该结构与Legault等人（2007）的六维度结构相比，更加简洁，也更加贴近于实际。

第二，由于传统的间接测量任务会受到自动加工和控制加工共同的作用，本研究中研究者采用四分模型将间接测量的无偏见动机和偏见态度进行了认知加工分离。

在探讨外显无偏见动机和自动无偏见动机的关系中，研究者利用四分模型分离出人们对偏见—消极评价的联结强度，并且利用模型拟合比较发现该联结强度与人们的外显无偏见动机之间存在一定的正相关，该发现表明所谓的"内隐的"无偏见动机与传统意义上由童年情感性经历所发展出的内隐动机并不相同，它更倾向于是社会规则内化到更深层次的自动激活动机。

在探讨无偏见动机与自动激活偏见的关系中，研究者同样利用四分模型分离出人们对同性恋群体的自动激活偏见，并且利用模型拟合比较发现自动激活偏见与无偏见动机之间存在相关，高无偏见动机组的自动激活偏见水平接近于0。此外，研究中还发现无偏见动机能够调节自动激活偏见与外显偏见的关系。以上的研究结果进一步丰富了内隐社会认知的研究成果，更加直接地证明了态度的单一结构观点。

第三，研究者还发现了无偏见动机在性别和同性恋偏见间、权威主义人格和同性恋偏见间的中介作用，为偏见的影响因素及其影响机制提供了新的认知加工解释视角。

第四,研究者基于本研究的新发现,并且结合 Devine、Fazio 等人的观点,提出了刻板印象和偏见的发展模型。这是本研究在理论层面的创新之处。

8.4.2　本研究的不足和有待进一步探讨的问题

第一,在探讨无偏见动机结构的时候,开放式问卷的样本主要为大学生,而没有考察其他可能在无偏见动机中有所不同的群体,如宗教人士、社会工作人士等,这些群体的无偏见动机是否与大学生相一致,他们是否会有更加细致的无偏见动机维度的区分,他们是否会有内在动机,这是该研究在样本选择上的一个不足,这也是研究者在进一步研究中需要探讨的问题之一。

第二,在探讨无偏见动机与自动激活偏见的关系中,研究者主要探讨了评价性的自动激活偏见与无偏见动机的关系,并且发现二者之间存在相关。但是,偏见包括认知、情感和行为倾向三种成分,本研究只是发现了无偏见动机与认知评价性偏见之间的关系,而对于无偏见动机与偏见的情感和行为倾向性成分的自动激活之间是否存在关系,存在怎样的关系,也是本研究没有回答而需要在今后的研究中进行回答的问题之一。

第三,研究者在本研究结果的基础上,结合 Devine 和 Fazio 等人的观点,提出了刻板印象和偏见的发展模型。本研究中所提出的模型只是一个初步的想法,研究者还需要在今后的研究中继续思考和完善该模型,基于该模型提出假设,并通过实证研究对该模型进行验证。以期将其发展成为一个能够有效解释刻板印象和偏见形成与改变的理论模型。

9　总结论

9.1　无偏见动机的心理结构

外显无偏见动机是一个三维度的心理结构,三个维度按照自主和内化程度由高到低排列,分别为自主调节、投射调节和外部调节。基于该结构所编制的无偏见动机量表具有良好的信度和效度,并且根据公式:2×自主调节+投射调节−2×外部调节,可以计算出用以估计无偏见动机综合水平的内化度。

此外,外显的无偏见动机高度内化之后能够形成自动激活的无偏见动机。综合以上结果,研究者认为无偏见动机包括四个部分,根据内化水平排列为外部调节、投射调节、自主调节和自动调节。

9.2　无偏见动机对自动偏见的作用

无偏见动机能够有效抑制自动偏见的作用,高自动偏见被试在无偏见动机的作用下,可以表现出低的偏见行为。此外,无偏见动机还能够改变偏见的认知结构,无偏见动机水平高的人们拥有较低水平的自动激活偏见。

9.3　无偏见动机的中介作用

无偏见动机在性别和同性恋偏见间以及在权威主义人格和同性恋偏见间起部分中介作用。女性拥有较高的无偏见动机水平,并且拥有较低的同性恋偏见;高权威主义人格的人拥有较低的无偏见动机水平,并且持有较高的同性恋偏见。

参考文献

Ajzen I. 1988. Attitudes personality, and behavior[M]. Milton Keynes: Open University Press.

Ajzen I. 1991. The theory of planned behavior[J]. Organizational Behavior and Human Decision Processes, 502: 179－211.

Akrami N, Ekehammar B. 2005. The association between implicit and explicit prejudice: the moderating role of motivation to control prejudiced reactions [J]. Scandinavian Journal of Psychology, 464: 361－366.

Amodio D M, Devine P G, & Harmon-Jones E. 2008. Individual differences in the regulation of intergroup bias: the role of conflict monitoring and neural signal for contro[J]l. Journal of Personality and Social Psychology, 941: 60－74.

Amodio D M, Harmon-Jones E, & Devine P G. 2003. Individual differences in the activation and control of affective race bias as assessed by startle eyeblink response and self-report [J]. Journal of Personality and Social Psychology, 844: 738－753.

Apfelbaum E P, Sommers S R, Norton M I. 2008. Seeing race and seeming racist? Evaluating strategic colorblindness in social interaction[J]. Journal of Personality and Social Psychology, 954: 918－921.

Banse R, Gawronski B. 2003. The scale motivation to act without prejudice: psychometric properties and validity[J]. Diagnostica, 491: 4－13.

Banse R, Seise J, Zerbes N. 2001. Implicit attitudes towards homosexuality: reliability, validity, and controllability of the IAT[J]. Zeitschrift für Experimentelle Psychologie, 482: 145－160.

Baron R, Kenny D. 1986. The moderator- mediator variable distinction in social psychological research: conceptual, strategic, and statistical considerations[J]. Journal of Personality and Social Psychology, 516: 1173—1182.

Baumeister R F, Bratlavasky M, Muraven, M, Tice D M. 1998. Ego depletion: is the active self a limited resource? [J]. Journal of Personality and Social Psychology, 745: 1252—1265.

Beer J S, Stallen M, Lombardo M V, Gonsalkorale K, Cunningham W A, Sherman J W. 2008. The quadruple process model approach to examining the neural underpinnings of prejudice[J]. NeuroImage, 434: 775—783.

Bishara A J, Payne B K. 2009. Multinomial process tree models of control and automaticity in weapon misidentification[J]. Journal of Experimental Social Psychology, 453: 524—534.

Black A E & Deci E L. 2000. The effects of instructors' autonomy support and students' autonomous motivation on learning organic chemistry: A self-determination theory perspective[J]. Science Education, 846: 740—756.

Bosson J K, Swann W B, Jr., Pennebaker J W. 2000. Stalking the perfect measure of implicit self-esteem: the blind men and the elephant revisited? [J]. Journal of Personality and Social Psychology, 794: 631—643.

Brauer M, Wasel W, Niedenthal P. 2000. Implicit and explicit components of prejudice[J]. Review of General Psychology, 41: 79—101.

Brunstein J C, Schmitt C H. 2004. Assessing individual differences in achievement motivation with the Implicit Association Test[J]. Journal of Research in Personality, 2004, 386: 536—555.

Chen X L, Zhou Z K, Zhang Z. 2009. College students' domain-specific self-determination[C]. Beijing: 3rd International Conference on Bioinformatics and Biomedical Engineering.

Conrey F R, Sherman J W, Gawronski B, Hugenberg K, Groom C J. 2005. Separating multiple processes in implicit social cognition: the quad model of implicit task performance[J]. Journal of Personality and Social Psychology, 894: 469—487.

De Houwer J. 2003. The extrinsic affective simon task. Experimental Psychology, 502: 77—85.

De Houwer J. 2006. What are implicit measures and why are we using them [C]. In Wiers R W & Stacy A W Eds., The handbook of implicit cognition and addiction. Thousand Oaks, CA: Sage Publishers, 11−28.

Deci E L & Ryan R M. 1985. Intrinsic motivation and self-determination in human behavior[M]. New York: Plenum.

Deci E L & Ryan R M. 2000. The "what" and "why" of goal pursuits: human needs and the self-determination of behavior [J]. Psychological Inquiry, 114: 227−268.

Deci E L & Ryan R M. 2002. Handbook of self-determination research in human behavior[M]. Rochester, NY: University of Rochester Press.

Deci E L & Ryan R M. 2008. Self-determination theory: a macrotheory of human motivation, development, and health[J]. Canadian Psychology, 493: 182−185.

De Houwer J. 2001. A structural and process analysis of the implicit association test[J]. Journal of Experimental Social Psychology, 376: 443−451.

Devine P G. 1989. Stereotypes and prejudice: their automatic and controlled components[J]. Journal of Personality and Social Psychology, 561: 5−18.

Devine P G, Monteith M J, Zuwerink J R, Elliot A J. 1991. Prejudice with and without compunction [J]. Journal of Personality and Social Psychology, 606: 817−830.

Devine P G, Plant E A, Amodio D M, Harmon-Jones E, Vance S L. 2002. The regulation of explicit and implicit race bias: the role of motivations to respond without prejudice[J]. Journal of Personality and Social Psychology, 825: 835−848.

Dovidio J F, Kawakami K, Gaertner S L. 2002. Implicit and explicit prejudice and interracial interaction[J]. Journal of Personality and Social Psychology, 821: 62−68.

Duckitt J. 2006. Differential effects of right-wing authoritarianism and social dominance orientation on outgroup attitudes and their mediation by threat from and competitiveness to outgroups[J]. Personality and Social Psychology Bulletin, 325: 684−696.

Duckitt J, Sibley C G. 2007. Right wing authoritarianism, social dominance orientation and the dimensions of generalized prejudice[J]. European Journal of Personality, 212: 113−130.

Dunton B C, Fazio R H. 1997. An individual difference measure of motivation to control prejudiced reactions[J]. Personality and Social Psychology Bulletin, 233: 316−326.

Ekehammar B, Akrami N. 2003. The relation between personality and prejudice: a variable- and a person-centred approach[J]. European Journal of Personality, 176: 449−464.

Ekehammar B, Akrami N. 2007. Personality and Prejudice: from Big Five personality factors to facets[J]. Journal of Personality, 755: 899−926

Fazio R H. 1990. Multiple process by with attitudes guide behavior: the MODE model as an integrative framework[C]. In M. P. Zanna Ed., Advances in experimental social psychology Vol. 23, 75−109. San Diego: Academic Press.

Fazio R H, Hilden L E. 2001. Emotional reaction to a seemingly prejudiced response: the role of automatically activated racial attitudes and motivation to control prejudiced reactions[J]. Personality and Social Psychology Bulletin, 275: 538−549.

Fazio R H, Jackson J R, Dunton B C, Williams C J. 1995. Variability in automatic activation as an unobtrusive measure of racial attitudes: a bona fide pipeline? [J]. Journal of Personality and Social Psychology, 696: 1013−1027.

Fazio R H, Olson M A. 2003. Implicit measures in social cognition research: their meaning and use[J]. Annual Review of Psychology, 54: 297−327.

Fazio R H, Towles-Schwen T. 1999. The MODE model of attitude-behavior process[C]. In S Chaiken, Y Trope Eds., Dual-process theories in social psychology pp. 97−116. New York, NY: Guilford Press.

Funke F. 2005. The dimensionality of right-wing authoritarianism: lesson from the dilemma between theory and measurement [J]. Political Psychology, 262: 195−218.

Gabriel U, Banse R, Hug F. 2007. Predicting private and public helping behaviour by implicit attitudes and the motivation to control prejudiced reactions[J]. British Journal of Social Psychology, 462: 365−382.

Gailliot M T, Baumeister R F, DeWall C N, Maner J K, Plant E A, Tice D M, Brewer L E, Schmeichel B J. 2007. Self-control relies on glucose as a limited energy source: willpower is more than a metaphor[J]. Journal of Personality and Social Psychology, 922: 325−336.

Gawronski B, Bodenhausen G V. 2006. Associative and propositional processes in evaluation: an integrative review of implicit and explicit attitude change[J]. Psychological Bulletin, 1325: 692−731.

Gelbal S, Duyan V. 2006. Attitudes of university students toward lesbians and gay men in Turkey[J]. Sex Roles, 557−8: 573−579.

Glaser J, Knowles E D. 2008. Implicit motivation to control prejudice[J]. Journal of Experimental Social Psychology, 441: 164−172.

Gonsalkorale K, von Hippel W, Sherman J W, Klauer K C. 2009. Bias and regulation of bias in intergroup interactions: implicit attitudes toward Muslims and interaction quality[J]. Journal of Experimental Social Psychology, 451: 161−166.

Gordijn E H, Hindriks I, Koomen W, Dijksterhuis A, & Van Knippenberg A. 2004. Consequences of stereotype suppression and internal suppression motivation: a self-regulation approach[J]. Personality and Social Psychology Bulletin, 302: 212−224.

Govorun O, Payne B K. 2006. Ego-depletion and prejudice: separating automatic and controlled components[J]. Social Cognition, 242: 111−136.

Greenwald A G, Farnham S D. 2000. Using the implicit association test to measure self-esteem and self-concept[J]. Journal of Personality and Social Psychology, 796: 1022−1038.

Greenwald A G, McGhee D E, Schwartz J L K. 1998. Measuring individual differences in implicit cognition: the implicit association test[J]. Journal of Personality and Social Psychology, 746: 1464−1480.

Grolnick W S, Ryan R M, Deci E L. 1991. Inner resources for school achievement: Motivational mediators of children's perception of their parents[J]. Journal of Educational Psychology, 834: 508−517.

Gross E F, Hardin C D. 2007. Implicit and explicit stereotyping of adolescents

[J]. Social Justice Research, 202: 140—160.

Hausmann L R M, Ryan C S. 2004. Effects of external and internal motivation to control prejudice on implicit prejudice: the mediating role of efforts to control prejudiced responses[J]. Basic and Applied Social Psychology, 262&3: 215—225.

Hendren A, Blank H. 2009. Prejudiced behavior toward lesbians and gay men: a field experiment on everyday helping[J]. Social Psychology, 404: 234—238.

Herek G M. 1988. Heterosexuals' attitudes toward lesbians and gay men: correlates and gender differences[J]. Journal of Sex Research, 254: 451—477.

Hofmann W, Gschwendner T, Schmitt M. 2005. On implicit-explicit consistency: the moderating role of individual differences in awareness and adjustment[J]. European of Journal of Personality, 191: 25—49.

Hugo M K. 2004. Integrating implicit motives, explicit motives, and perceived abilities: the compensatory model of work motivation and volition[J]. Academy of Management Review, 293: 479—499.

Jacoby L L. 1991. A process dissociation framework: separating automatic from intentional uses of memory [J]. Journal of Memory and Language, 305: 513—541.

Johns M. 2002. Social psychology of prejudice[M]. New Jersey: Prentice Hall.

Johns M, Cullum J, Smith T, & Freng S. 2008. Internal motivation to respond without prejudice and automatic egalitarian goal activation[J]. Journal of Experimental Social Psychology, 446: 1514—1519.

Klonis S C, Plant E A, & Devine P G. 2005. Internal and external motivation to respond without sexism [J]. Personality and Social Psychology Bulletin, 319: 1237—1249.

Kruglanski A W. 1989. Lay epistemics and human knowledge: cognitive and motivational bases[M]. New York: Plenum Press.

Legault L, Green-Demers I, Eadie A L. 2009. When internalization leads to automatization: the role of self-determination in automatic stereotype suppression and implicit prejudice regulation[J]. Motivation and Emotion, 331: 10—24.

Legault L, Green-Demers I, Grant P, Chung J. 2007. On the self-regulation of implicit and explicit prejudice: a self-determination theory perspective[J]. Personality and Social Psychology Bulletin, 335: 732−749.

Lindsay D S, Jacoby L L. 1994. Stroop process dissociations: the relationship between facilitation and interference[J]. Journal of Experimental Psychology: Human Perception and Performance, 202: 219−234.

Lowery B S, Hardin C D, Sinclair S. 2001. Social influence effects on automatic racial prejudice[J]. Journal of Personality and Social Psychology, 815: 842−855.

Maddux W W, Barden J, Brewer M B, Petty R E. 2005. Saying no to negativity: the effects of context and motivation to control prejudice on automatic evaluative responses[J]. Journal of Experimental Social Psychology, 411: 19−35.

McClelland D C, Koestner R, Weinberger J. 1989. How do self-attributed and implicit motives differ? [J]. Psychological Review, 964: 690−702.

McFarland S G, Crouch Z. 2002. A cognitive skill confound on the Implicit Association Test[J]. Social Cognition, 206: 483−510.

Mitchell J P, Nosek B A, Banaji M R. 2003. Contextual variations in implicit evaluation[J]. Journal of Experimental Psychology: General, 1323: 455−469.

Monteith M J. 1993. Self-regulation of prejudice responses: implications for progress in prejudice-reduction efforts[J]. Journal of Personality and Social Psychology, 653: 469−485.

Monteith M J, Ashburn-Nardo L, Voils C I, Czopp A M. 2002. Putting the brakes on prejudices: on the development and operation of cues for control[J]. Journal of Personality and Social Psychology, 835: 1029−1050.

Monteith M J, Devine P G, Zuwerink J R. 1993. Self-directed vs. other-directed affect as a consequence of prejudice-related discrepancies[J]. Journal of Personality and Social Psycholgoy, 642: 198−210.

Monteith M J, Voils C I. 1998. Proneness to prejudice responses: toward understanding the authenticity of self-reported discrepancies[J]. Journal of Personality and Social Psychology, 754: 901−916.

Moskowitz G B, Gollwitzer P M, Wasel W, Schaal B. 1999. Preconscious control of stereotype activation through chronic egalitarian goals[J]. Journal of Personality and Social Psychology, 771: 167—184.

Nierman A, Thompson S C, Bryan A, Mahaffey A. 2007. Gender role beliefs and attitudes toward lesbians and gay men in Chile and the U.S. [J]. Sex Roles, 571—2: 61—67.

Nosek B A. 2005. Moderators of the relationship between implicit and explicit evaluation[J]. Journal of Personality and Social Psychology, 1344: 565—584.

Nosek B A, Banaji M R. 2000. The Go/No-go association task[J]. Social Cognition, 196: 625—666.

Nosek B A, Greenwald A G, Banaji M R. 2007. The implicit association test at age 7: a methodological and conceptual review[C]. In Bargh J AEd., Automatic processes in social thinking and behavior. Psychology Press: 273.

Olson M A, Fazio R H. 2004. Trait inferences as a function of automatically activated racial attitudes and motivation to control prejudiced reactions[J]. Basic and Applied Social Psychology, 261: 1—11.

Olson M A, Fazio R H. 2009. Implicit and explicit measures of attitudes: The perspective of the MODE model[C]. In R. E. Petty, R. H. Fazio, & P. Bri? ol Eds., Attitudes: Insights from the new implicit measures pp. 19—63. New York, NY: Psychology Press.

Park S H, Glaser J, Knowles E D. 2008. Implicit motivation to control prejudice moderates the effect of cognitive depletion on unintended discrimination[J]. Social Cognition, 264: 401—419.

Payne B K. 2001. Prejudice and perception: the role of automatic and controlled processes in misperceiving a weapon[J]. Journal of Personality and Social Psychology, 812: 181—192.

Payne B K, Cheng C M, Govorun O, Stewart B D. 2005. An inkblot for attitudes: affect misattribution as implicit measurement[J]. Journal of Personality and Social Psychology, 893: 277—293.

Peruche B M, Plant E A. 2006. Racial bias in perceptions of athleticism: the role of motivation in the elimination of bias[J]. Social Cognition, 244: 438—452.

Plant E A, Devine P G. 1998. Internal and external motivation to respond without prejudice[J]. Journal of Personality and Social Psychology, 753: 811−832.

Plant E A, Devine P G. 2009. The active control of prejudice: unpacking the intentions guiding control efforts[J]. Journal of Personality and Social Psychology, 963: 640−652.

Plant E A, Peruche B M, Butz D A. 2005. Eliminating automatic racial bias: making race non-diagnostic for responses to criminal suspects[J]. Journal of Experimental Psychology, 412: 141−156.

Ratcliff J J. 2007. Gender-role self-concepts as motivators for nonprejudiced personal standards: a route to prejudice reduction? [D]. Athens: College of Arts and Sciences of Ohio University, Doctor's thesis.

Ratcliff J J, Lassiter G D, Markman K D, & Snyder C J. 2006. Gender differences in attitudes toward gay men and lesbians: the role of motivation to respond without prejudice[J]. Personality and Social Psychology Bulletin, 3210: 1325−1388.

Richeson J A, Trawalter S. 2008. The threat of appearing prejudiced and race-based attentional biases[J]. Psychological Science, 192: 98−102.

Ryan R M, & Connell J P. 1989. Perceived locus of causality and internalization: Examining reasons for acting in two domains[J]. Journal of Personality and Social Psychology, 575, 749−761.

Ryan R M, Deci E L. 2000a. Self-determination theory and the facilitation of intrinsic motivation, social development, and well-being[J]. American Psychologist, 551: 68−78.

Ryan R M, Deci E L. 2000b. Intrinsic and extrinsic motivations: classic definitions and new directions[J]. Contemporary Educational Psychology, 251: 54−67.

Sakalli N. 2002. Pictures of male homosexuals in the heads of Turkish college students: the effects of sex difference and social contact on stereotyping[J]. Journal of Homosexuality, 432: 111−126.

Sanbonmatsu D M, Fazio R H. 1990. The role of attitudes in memory-based decision making[J]. Journal of Personality and Social Psychology, 594: 614−622.

Schuessler K, Hittle D, Cardascia J. 1978. Measuring responding desirably with attitude-opinion items[J]. Social Psychology, 413: 224−235.

Sherman J W. 2006. On building a better process model: it's not only how many, but which ones and by which means? [J]. Psychological Inquiry, 173: 173－184.

Sherman J W, Gawronski B, Gonsalkorale K, Hugenberg K, Allen T, Groom C J. 2008. The self-regulation of automatic associations and behavioral impulses[J]. Psychological Review, 1152: 314－335.

Son Hing L S, Li W, Zanna M P. 2002. Inducing hypocrisy to reduce prejudicial responses among aversive racists[J]. Journal of Experimental Social Psychology, 381: 71－78.

Steffens M C, Wagner C. 2004. Attitudes toward lesbians, gay men, bisexual women, and bisexual men in Germany[J]. Journal of Sex Research, 412: 137－149.

Whitley B E, Jr.. 1999. Right-wing authoritarianism, social dominance orientation, and prejudice[J]. Journal of Personality and Social Psychology, 771: 126－134.

Whitley B E, Jr., ? gisdóttir S. 2000. The gender belief system, authoritarianism, social dominance orientation, and heterosexuals' attitudes toward lesbians and gay men[J]. Sex Roles, 4211－12: 947－967.

Williams, G. C., Grow, V. M., Freedman, Z. R., Ryan, R. M., & Deci, E. L. 1996. Motivational predictors of weight loss and weight-loss maintenance[J]. Journal of Personality and Social Psychology, 701: 115－126.

Zakrisson I. 2005. Construction of a short version of the right-wing authoritarianism scale[J]. Personality and Individual Difference, 395: 863－872.

Zuwerink J R, Monteith M J, Devine P G, Cook D A. 1996. Prejudice towards Blacks: with and without compunction? [J]. Basic and Applied Social Psychology, 182: 131－150.

Aronson E, Wilson T D, Akert R M. 2005. 社会心理学第五版 [M]. 侯玉波等, 译. 北京: 中国轻工业出版社.

贝斯黑莱姆 道格拉斯 W. 1989. 偏见心理学[M]. 长沙: 湖南人民出版社.

蔡华俭. 2003a. Greenwald 提出的内隐联想测验介绍[J]. 心理科学进展, 113: 339－344.

蔡华俭. 2003b. 内隐自尊效应及内隐自尊与外显自尊的关系[J]. 心理学

报, 356: 796-801.

陈建勇, 沈模卫, 周艳艳, 张锋. 2008. 内隐操作绩效的加工分离: 四分模型及其研究[J]. 应用心理学, 142: 111-117.

陈雪莲. 2007. 大学生学业和社交能力中的自我决定[D]. 武汉: 华中师范大学.

陈志霞, 陈剑峰. 2007. 善意和敌意性别偏见及其对社会认知的影响[J]. 心理科学进展, 153: 464-469.

陈祉妍. 2001. 内隐动机的测量[J]. 心理学动态, 94: 335-340.

邓羽. 2008. 对艾滋病感染者的刻板印象——内容与加工机制[D]. 北京: 北京师范大学.

杜建政, 李明. 2007. 内隐动机测量的新方法[J]. 心理科学进展, 153: 458-463.

段文婷, 江光荣 2008. 计划行为理论述评[J]. 心理科学进展, 162: 315-320.

高文珺, 李强. 2008. 心理疾病污名社会表征公众影响初探[J]. 应用心理学, 144: 358-364.

管健. 2006. 身份污名的建构与社会表征——以天津N辖域的农民工为例[J]. 青年研究, 3: 21-27.

管健, 乐国安. 2007. 社会表征理论及其发展[J]. 南京师范大学学报社会科学版, 1: 92-98.

郭庆科, 李芳, 陈雪霞, 王炜丽, 孟庆茂. 2008. 不同条件下拟合指数的表现及临界值的选择[J]. 心理学报, 401: 109-118.

郭欣, 程怡民, 李颖, 黄娜, 武俊青, 汝小美. 2006. 对艾滋病歧视与偏见的研究[J]. 中国妇幼保健, 2123: 3300-3303.

郭志刚. 1999. 社会统计分析方法——SPSS软件应用[M]. 北京: 中国人民大学出版社.

贺汉魂, 皮修平. 2006. 农民工概念的辩证思考[J]. 求实, 5: 56-58.

胡小勇, 郭永玉. 2009. 自主—受控动机效应及应用[J]. 心理科学进展, 171: 197-203.

胡志海, 梁宁建, 徐维东. 2004. 职业刻板印象及其影响因素研究[J]. 心理科学, 273: 628-631.

侯杰泰, 温忠麟, 成子娟. 2004. 结构方程模型及其应用[M]. 北京: 教育科学出版社.

侯珂, 邹泓, 张秋凌. 2004. 内隐联想测验: 信度、效度及原理[J]. 心理科学进展, 122: 223-230.

江光荣. 2004. 中小学班级环境: 结构与测量[J]. 心理科学, 274: 839-843.

李明. 2007. 动机的 IAT 测量及其信效度分析[D]. 开封: 河南大学.

李琼. 2008. 社会支配、情境因素与偏见的关系研究[D]. 武汉: 华中师范大学.

李琼, 郭永玉. 2007. 作为偏见影响因素的权威主义人格[J]. 心理科学进展, 156: 981-986.

李琼, 刘力. 2010. 偏见的自我调节研究述评[J]. 心理科学进展, 182: 365-373.

李寿欣, 许芳. 2006. 中国人格量表在师范大学生中的应用及其与认知方式关系的探讨[J]. 山东师范大学学报人文社会科学版, 515: 140-143.

林崇德. 2002. 发展心理学[M]. 杭州: 浙江教育出版社.

刘光宁. 2003. 中国社会的父权家庭与权威人格[J]. 杭州师范学院学报自然科学版, 26: 1-4.

刘海燕, 闫荣双, 郭德俊. 2003. 认知动机理论的新进展——自我决定论[J]. 心理科学, 266: 1115-116.

刘能. 2005. 艾滋病、污名和社会歧视: 中国乡村社区中两类人群的一个定量分析[J]. 社会学研究, 6: 136-164.

马庆钰. 1998. 论家长本位与"权威主义人格"——关于中国传统政治文化的一种分析[J]. 中国人民大学学报, 5: 50-55.

莫雷, 王瑞明, 陈彩琦, 温红博 2006. 心理学研究方法的系统分析与体系重构[J]. 心理科学, 295: 1026-1030.

Myers D G. 2006. 社会心理学第八版[M]. 侯玉波等, 译. 北京: 人民邮电出版社.

孙丽云, 郭瞻予, 于健. 2008. 国外自我能量消耗实验研究综述[J]. 现代生物医学进展, 81: 146-148.

王登峰, 崔红. 2001. 编制中国人人格量表 QZPS 的理论构想[J]. 北京大学学报哲学社会科学版, 386: 48-54.

王登峰, 崔红. 2003. 中国人人格量表QZPS的编制过程与初步结果[J]. 心理学报, 351: 127-136.

王登峰, 崔红. 2004. 中国人人格量表的信度与效度[J]. 心理学报, 363: 347-358.

王沛. 1998. 现代社会认知理论框架下的偏见研究及其走向[J]. 心理科学, 215: 445-448.

王沛, 张国礼. 2008. 刻板印象的心理表征: 范畴还是样例?——来自ERP的证据[J]. 心理科学, 312: 340-345.

温芳芳, 佐斌. 2007. 评价单一态度对象的内隐社会认知测验方法[J]. 心理科学进展, 155: 828-833.

温忠麟, 张雷, 侯杰泰, 刘红云. 2004. 中介效应检验程序及其应用[J]. 心理学报, 365: 614-620.

吴明证. 2005. 态度强度对内隐—外显态度关系的调节作用研究[J]. 心理科学, 282: 388-391.

吴明证. 2006. 内隐联结测验的IAT效应和概念联系的对应关系研究[J]. 心理科学, 293: 580-582.

吴明证, 梁宁建. 2003. 态度的自动激活效应的初步研究[J]. 心理科学, 261: 71-73.

吴蓉萍. 2005. 大学生对民工的态度如何?——一份态度量表的编制[J]. 社会心理科学, 202: 118-126.

徐文婕. 2007. 大学生对老年人外显态度和内隐态度的测量与比较[D]. 郑州: 郑州大学.

杨福义, 梁宁建. 2007. 内隐自尊与外显自尊的关系: 多重内隐测量的视角[J]. 心理科学, 304: 785-790.

杨国枢. 2004. 中国人的心理与行为: 本土化研究[M]. 北京: 中国人民大学出版社.

杨宏飞, 姜美义. 2008. 压力对完美主义与生活满意度的中介作用研究[J]. 中国临床心理学杂志, 164: 372-375.

杨治良, 高桦, 郭力平. 1998. 社会认知具有更强的内隐性——兼论内隐和外显的"钢筋水泥"关系[J].心理学报, 301: 1-6.

于丹, 董大海, 刘瑞明, 原永丹. 2008. 理性行为理论及其拓展研究的现状与展望[J]. 心理科学进展, 2008, 165: 796-802.

于泳红. 2003. 大学生内隐职业偏见和内隐职业性别刻板印象研究[J]. 心理科学, 264: 672-675.

袁慧娟, 张智勇. 2005. 招聘情境下内隐化相貌偏见的表达[J]. 北京大学学报自然科学版, 412: 303-308.

张陆, 佐斌, 叶娜. 2009. IAT 的属性类别标签效应研究[J]. 中国临床心理学杂志, 174: 454-456.

张婍, 冯江平, 王二平. 2009. 群际威胁的分类及其对群体偏见的影响[J]. 心理科学进展, 172: 473-480.

张中学, 宋娟. 2007. 偏见研究的进展[J]. 心理与行为研究, 52: 150-155.

郑小蓓, 张秋媚, 陈岳标, 詹海都. 2007. 大学生对同性恋态度问卷的初步编制[J]. 中国心理卫生杂志, 217: 456-458.

钟毅平. 1999a. 社会行为研究——现代社会认知理论及实践[M]. 长沙: 湖南教育出版社.

钟毅平. 1999b. 偏见及其认知来源[J]. 山东师大学报社会科学版, 2: 55-57.

佐斌. 1997. 中国人的脸与面子: 本土社会心理学探索[M]. 武汉: 华中师范大学出版社.

佐斌, 刘暭. 2006. 基于 IAT 和 SEB 的内隐性别刻板印象研究[J]. 心理发展与教育, 224: 57-63.

佐斌, 温芳芳, 朱晓芳. 2007. 大学生对年轻人和老年人的年龄刻板印象[J]. 应用心理学, 133: 231-236.

佐斌, 张陆, 叶娜. 2009. 内隐态度之"内隐"的涵义[J]. 心理学探新, 292: 57-61.

佐斌, 张阳阳, 赵菊, 王娟. 2006. 刻板印象内容模型: 理论假设及研究[J]. 心理科学进展, 141: 138-145.

附 录

附录1　The Motivation to Control Prejudiced
Reactions Scale（MCPR）（Dunton & Fazio，1997）

1　In today's society it is important that one not be perceived as prejudiced in any
　 manner.

2　I always express my thoughts and feelings, regardless of how controversial the
　 might be.（R）

3　I get angry with myself when I have a thought or feeling that might be consid-
　 ered prejudiced.

4　If I were participating in a class discussion and a black student expressed an
　 opinion with which I disagreed, I would be itant to express my own viewpoint.

5　Going through life worrying about whether you might offend someon is just
　 more trouble than it is worth.（R）

6　It is important to me that other people not think I'm prejudiced.

7　I feel it's important to behave according to society's standards.

8　I am careful not to offend my friends, but I don't worry about offending people
　 I don't know or don't like.（R）

9　I think that it is important to speak one's mind rather than to worry about offen-
　 ding someone.（R）

10　It's never acceptable to express ones's prejudices.

11　I feel guilty when I have a negative thoutht or feeling about a Black person.

12　When speaking to a balck person, it's important to that he/she not think I am prejudiced.

13　It bothers me a great deal when I think I've offended someone, so I'm always careful to consider other people's lings.

14　If I have a prejudiced thought or feeling, I keep it to myself.

15　I would never tell jokes that might offend others.

16　I'm not afraid to tell others what I think, even when I know they disagree with me.(R)

17　If someone who made me uncomfortable sat next to me on a bus, I would not hesitate to move to another seat.(R)

注:R 为反向计分,下同。

附录 2　Internal Motivation to Respond Without Prejudice Scale(IMS) and External Motivation to Respond Without Prejudice le(EMS)

(Plant & Devine, 1998)

IMS 项目

1　I attempt to act in nonprejudiced ways toward Black people because it is personally important to me.

2　According to my personal values, using stereotypes about Black people is OK. (R)

3　I am personally motivated by my beliefs to be nonprejudiced toward Black people.

4 Because of my personal values, I believe that using stereotypes about Black people is wrong.

5 Being nonprejudiced toward Black people is important to my self-concept.

EMS 项目

1 Because of today's PC (politically correct) standards I try to appear nonprejudiced toward Black people.

2 I try to hide any negeative thoughts about Black people in order to avoid negative reactions from others.

3 If I acted prejudiced toward Black people, I would be concerned that others would be angry with me.

4 I attempt to appear nonprejudiced toward Black people in order to avoid disapproval from others.

5 I try to act nonprejudiced toward Black people because of pressure from others.

附录 3　Motivation to be Nonprejudiced Scale

(MNPS)(Legault, Green-Demers, Grant,& Chung, 2007)

Ultimate reason for avoiding prejudice：
内在动机项目

1 Enjoyment relating to other groups.

2 Pleasure of being open-minded.

3 For the joy I feel when learning about new people.

4 For the interest I feel when discovering people/groups.

整合调节项目

1 I appreciate what being understanding adds to my life.

2 Striving to understand others is part of who I am.

3 Because I am tolerant and accepting of differences.

4 Because I am an open-minded person.

认同调节项目

1 Because I value nonprejudice.

2 Because I admire people who are egalitarian.

3 I place importance on having egalitarian beliefs.

4 Because tolerance is important to me.

投射调节项目

1 Because I feel like I should avoid prejudice.

2 Because I would feel guilty if I were prejudiced.

3 Because I would feel ashamed if I were prejudiced.

4 Because I would feel bad about myself if I were prejudiced.

外部调节项目

1 So that people will admire me for being tolerant.

2 Because I don't want people to think I'm narrow-minded.

3 Because biased people are not well-liked.

4 Because I get more respect/acceptance when I act unbiased.

无动机项目

1 I don't know; it's not a priority.

2 I don't know; I don't really bother trying to avoid it.

3 I don't know why; I think it's pointless.

4 I don't know, it's not very important to me.

附录4　无偏见动机开放式问卷

偏见是我们对某类人的消极看法。平时，我们也许会对某类人（如农民工、病人等）有偏见，但是在现实交往中却不会把这种偏见表现出来，例如，有人不喜欢艾滋病感染者，但是可能会因为各种原因而跟他们友善相处。人们之所以在实际交往中没有表现出偏见，原因可能多种多样，我们想了解你不表现出偏见的原因是怎样的。请写出你不会表现出偏见的原因有哪些。

附录5　无偏见动机预测量表

偏见是我们对某社会群体的片面且消极的看法。平时，我们也许会对某类人（如农民工、病人等）有偏见，但是在现实交往中却不会把这种偏见表现出来。例如，有人对艾滋病感染者有偏见，但是可能会因为各种原因而跟他们友善相处。人们之所以在实际交往中没有表现出偏见，原因可能多种多样，我们想了解你不表现出偏见的原因是怎样的。下面的表格中列举了许多不同的原因，请根据与自己真实体会的符合程度对其进行评分，分数由 1 到 6，分数越高，表示符合程度越高，请在相应的数字上打"√"。

我不会对别人表现出偏见的原因是	非常不符合	不符合	比较不符合	比较符合	符合	非常符合
1. 因为我怕别人会不喜欢我。	1	2	3	4	5	6
2. 如果表现出偏见，会让我感到内疚。	1	2	3	4	5	6
3. 因为我觉得需要去认可和接受他们。	1	2	3	4	5	6

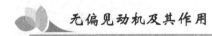

4. 因为我不想别人觉得我是个对人有偏见的人。	1	2	3	4	5	6
5. 因为我怕会伤害到他们。	1	2	3	4	5	6
6. 因为我觉得人与人之间需要相互尊重。	1	2	3	4	5	6
7. 因为我希望能给别人留个好印象。	1	2	3	4	5	6
8. 因为表现出偏见,会让我感到难过。	1	2	3	4	5	6
9. 因为平等待人是我的一条处事原则。	1	2	3	4	5	6
10. 我会压抑偏见表现,因为我在乎别人对我的评价。	1	2	3	4	5	6
11. 因为如果表现出偏见,我会感到不安。	1	2	3	4	5	6
12. 因为我希望去更全面地了解他们。	1	2	3	4	5	6
13. 因为我不想与别人产生冲突。	1	2	3	4	5	6
14. 因为在我的观念中,不应该对人有偏见。	1	2	3	4	5	6
15. 因为表现出偏见,我会有罪恶感。	1	2	3	4	5	6
16. 因为在我看来,人与人之间是平等的。	1	2	3	4	5	6
17. 因为表现出偏见会让我感到自责。	1	2	3	4	5	6
18. 我会压抑偏见表现,因为我挺同情他们的。	1	2	3	4	5	6
19. 因为根据我的价值观,对人有偏见是不对的。	1	2	3	4	5	6
20. 为了维持关系的和谐。	1	2	3	4	5	6
21. 因为我认为"接纳他人"是一个人的重要品质。	1	2	3	4	5	6
22. 因为我希望别人能喜欢我。	1	2	3	4	5	6
23. 如果我表现出偏见,我会感到愧疚。	1	2	3	4	5	6
24. 因为不希望别人觉得我是个"坏人"。	1	2	3	4	5	6

附录6 无偏见动机正式量表

同性恋无偏见动机量表

偏见是我们对某社会群体的片面且消极的看法。平时,我们也许会对某类人有偏见,但是在现实交往中却不会把这种偏见表现出来。

如今,很多大学生对同性恋群体有偏见,但在实际中则会控制自己而不表现出这种偏见,究其原因可能多种多样,我们想了解你不表现出对同性恋群体的偏见的原因是怎样的。下面的表格中列举了许多不同的原因,请根据与自己真实体会的符合程度对其进行评分,分数由1到6,分数越高,表示符合程度越高,请在相应的数字上打"√"。

我不会表现出对同性恋群体的偏见,原因是	非常不符合	不符合	比较不符合	比较符合	符合	非常符合
1. 因为我怕别人会不喜欢我。	1	2	3	4	5	6
2. 如果表现出偏见,会让我感到内疚。	1	2	3	4	5	6
3. 因为我觉得需要去认可和接受他们。	1	2	3	4	5	6
4. 因为我不想别人觉得我是个对人有偏见的人。	1	2	3	4	5	6
5. 因为如果表现出偏见,我会感到不安。	1	2	3	4	5	6
6. 因为在我看来,人与人之间是平等的。	1	2	3	4	5	6
7. 因为我希望能给别人留个好印象。	1	2	3	4	5	6
8. 因为平等待人是我的一条处事原则。	1	2	3	4	5	6
9. 因为表现出偏见,我会有罪恶感。	1	2	3	4	5	6
10. 因为我不想与别人产生冲突。	1	2	3	4	5	6
11. 因为我认为"接纳他人"是一个人的重要品质。	1	2	3	4	5	6
12. 因为表现出偏见会让我感到自责。	1	2	3	4	5	6
13. 因为我希望别人能喜欢我。	1	2	3	4	5	6
14. 如果我表现出偏见,我会感到愧疚。	1	2	3	4	5	6
15. 因为我希望去更全面地了解他们。	1	2	3	4	5	6

农民工无偏见动机量表

偏见是我们对某社会群体的片面且消极的看法。平时,我们也许会对某类人有偏见,但是在现实交往中却不会把这种偏见表现出来。

如今,很多大学生对农民工群体有偏见,但在实际中则会控制自己而不表现出这种偏见,究其原因可能多种多样,我们想了解你不表现出对农民工群体的偏见的原因是怎样的。下面的表格中列举了许多不同的原因,请根据与自己真实体会的符合程度对其进行评分,分数由 1 到 6,分数越高,表示符合程度越高,请在相应的数字上打"√"。

我不会表现出对农民工群体的偏见,原因是	非常不符合	不符合	比较不符合	比较符合	符合	非常符合
1. 因为我怕别人会不喜欢我。	1	2	3	4	5	6
2. 如果表现出偏见,会让我感到内疚。	1	2	3	4	5	6
3. 因为我觉得需要去认可和接受他们。	1	2	3	4	5	6
4. 因为我不想别人觉得我是个对人有偏见的人。	1	2	3	4	5	6
5. 因为如果表现出偏见,我会感到不安。	1	2	3	4	5	6
6. 因为在我看来,人与人之间是平等的。	1	2	3	4	5	6
7. 因为我希望能给别人留个好印象。	1	2	3	4	5	6
8. 因为平等待人是我的一条处事原则。	1	2	3	4	5	6
9. 因为表现出偏见,我会有罪恶感。	1	2	3	4	5	6
10. 因为我不想与别人产生冲突。	1	2	3	4	5	6
11. 因为我认为"接纳他人"是一个人的重要品质。	1	2	3	4	5	6
12. 因为表现出偏见会让我感到自责。	1	2	3	4	5	6
13. 因为我希望别人能喜欢我。	1	2	3	4	5	6
14. 如果我表现出偏见,我会感到愧疚。	1	2	3	4	5	6
15. 因为我希望去更全面地了解他们。	1	2	3	4	5	6

附录7　权威主义人格量表（杨国枢，2005）

下表中列出了一些观点，请根据你对这些话的认同情况进行评分，分数由1到6，分数越高表示你越赞同该观点。请在相应的数字上打"√"。

	非常不赞同	不赞同	比较不赞同	比较赞同	赞同	非常赞同
1. 政府首长等于"大家长"，一切事情都应听从他的决定。	1	2	3	4	5	6
2. 要避免发生错误，最好的办法是听从长者的话。	1	2	3	4	5	6
3. 女人婚前接受父亲管教，出嫁后则应顺从丈夫。	1	2	3	4	5	6
4. 年轻人不知天高地厚，不能让他们独自处理事情。	1	2	3	4	5	6
5. 如果因事争执不下，应请辈分最高的人主持公道。	1	2	3	4	5	6
6. 父母所敬爱的人，子女也应敬爱。	1	2	3	4	5	6
7. 电视或电影与国情不合者，应一律予以剪除。	1	2	3	4	5	6
8. 高中学生年龄还小，应严禁结交男/女朋友。	1	2	3	4	5	6
9. 没有那些不道德的人，我们的社会问题就解决了。	1	2	3	4	5	6
10. 服从权威与尊敬长上，是儿童所应学习的美德。	1	2	3	4	5	6
11. 孤男寡女不可共处一室，以免引起他人误会。	1	2	3	4	5	6
12. 现在年轻人谈情说爱的大胆作风，实在令人惊讶。	1	2	3	4	5	6
13. 为了维护社会安宁，个人言论应该受到更多管制。	1	2	3	4	5	6
14. 中小学生应该穿着校服。	1	2	3	4	5	6
15. 强而有力的领袖，比优良的法律更重要。	1	2	3	4	5	6

附录8　同性恋态度问卷

（郑小蓓，张秋媚，陈岳标，詹海都，2007）

下面有18个描述，请仔细阅读，并依照每个句子所描述的内容与你真实情况的符合程度，在该句右边适当的数字中打"√"。分数由1到6，分数越高表示与你的实际情况越符合。

	非常不符合	不符合	比较不符合	比较符合	符合	非常符合
1. 我无法像看待正常人一样看待同性恋者。	1	2	3	4	5	6
2. 我认为社会应该接受同性恋者。	1	2	3	4	5	6
3. 我觉得同性恋者都很变态。	1	2	3	4	5	6
4. 我会帮同性恋者说话，希望那些不接纳同性恋者的人能够转为接纳他们。	1	2	3	4	5	6
5. 我会刻意避免跟同性恋者单独相处。	1	2	3	4	5	6
6. 我认为同性间的爱情与异性间的爱情都一样是正常的。	1	2	3	4	5	6
7. 我一想到同性恋，就会觉得他们很肮脏。	1	2	3	4	5	6
8. 我认为同性恋者是心理不健康的人。	1	2	3	4	5	6
9. 我认为政府应该开放同性恋者结婚合法的法律。	1	2	3	4	5	6
10. 当我知道我的朋友是同性恋时，我会刻意与他保持距离。	1	2	3	4	5	6
11. 我就是对同性恋者有嫌恶的感觉。	1	2	3	4	5	6
12. 我认为同性恋只是性取向问题，不应该歧视他们。	1	2	3	4	5	6
13. 我很反感同性恋者。	1	2	3	4	5	6

14. 我会对同性恋者伸出援助之手。	1	2	3	4	5	6
15. 碰到同性恋者我会找机会溜走,敬而远之!	1	2	3	4	5	6
16. 我会祝愿相爱的同性恋者。	1	2	3	4	5	6
17. 我不愿意和同性恋者合作。	1	2	3	4	5	6
18. 我希望和同性相爱。	1	2	3	4	5	6

附录9　农民工偏见量表(李琼, 2008)

下表中列出了一些观点,请根据你对这些话的认同情况进行评分,分数由1到6,分数越高表示你越赞同该观点。请在相应的数字上打"√"。

	非常不赞同	不赞同	比较不赞同	比较赞同	赞同	非常赞同
1. 农民工的住所应该远离城市人的住所。	1	2	3	4	5	6
2. 农民工身上很脏。	1	2	3	4	5	6
3. 一般来说,农民工是诚实的人。	1	2	3	4	5	6
4. 农民工是有道德的。	1	2	3	4	5	6
5. 我支持让农民工与城市人完全融合在一起。	1	2	3	4	5	6
6. 农民工会对女性乱开玩笑。	1	2	3	4	5	6
7. 农民工的样子有些猥琐。	1	2	3	4	5	6
8. 农民工常常用极端的方式解决问题。	1	2	3	4	5	6
9. 有农民工住在附近,让我觉得不安全。	1	2	3	4	5	6
10. 农民工聚居的地方很混乱。	1	2	3	4	5	6
11. 农民工身上没什么恶习。	1	2	3	4	5	6
12. 农民工心理有些灰暗。	1	2	3	4	5	6
13. 农民工并不仇视城市人。	1	2	3	4	5	6

续表

14. 整体上说,我对农民工这个群体的印象是正面的。	1	2	3	4	5	6
15. 如果有机会,我会主动接近农民工。	1	2	3	4	5	6
16. 农民工总认为是城市人造成了他们的问题。	1	2	3	4	5	6
17. 农民工没有利用机会去改善生活。	1	2	3	4	5	6
18. 农民工缺乏自尊。	1	2	3	4	5	6
19. 农民工的道德品质不好。	1	2	3	4	5	6
20. 农民工不缺乏进取心。	1	2	3	4	5	6